tredition®

www.tredition.de

AF178756

BERNHARD NESSLER

***

KINDHEITSERINNERUNGEN AM RANDE DER GESCHICHTE

www.tredition.de

© 2021 Bernhard Nessler
Umschlag, Buchgestaltung: Antoine Matuttis

Verlag und Druck:
tredition GmbH, Halenreie 40-44, 22359 Hamburg

ISBN
Paperback: 978-3-347-35816-4
e-Book: 978-3-347-35818-8

Inhalt

1. Indischer Granit

Der kreis zerspringt
streckt sich zum balken
aus stein
wiegt sich
auf ächzenden klängen
an den bruchstellen
dringen sie in die maserung ein
durchtönen das schwere und
bringen es in die schwebe

2. Die Kindheit in der Meersburger Unterstadt

I. Das Geburtshaus

Meine Eltern wohnten ursprünglich in Meersburg in der Unterstadt in der Spitalgasse. Sie hatten ein Haus direkt hinter dem Strandcafé. Es war nur wenige Schritte vom Schiffshafen, von der Seestraße und vom Seeufer entfernt. Es hatte drei Stockwerke. Im Erdgeschoss war nach einem Umbau der Kuhstall und daneben der Aufgang zum Wohnbereich. Aufgrund der Seenähe und der Höhe des Wasserspiegels gab es keinen Keller. Im 1. Stock befand sich unsere Wohnung. Sie bestand aus der Küche, dem Wohnzimmer und zwei Schlafzimmern. Meine Eltern, mein ältester Bruder Rudolf, meine Schwester Marianne, ich und auch noch mein jüngerer Bruder Siegfried wohnten bis 1936 also da. Im Stockwerk über uns war die Wohnung von Onkel Johann, dem Bruder meines Vaters mit seiner Familie.

Das Haus hatte mein Vater 1924 von seiner Mutter geerbt. Sein Vater, Rudolf Neßler, war zuvor in Ausübung seines Berufs als markgräflicher Güteraufseher beim Traubenhüten angegriffen und so stark verletzt worden, dass er aufgrund seiner Verletzungen starb. Vater glaubte den Angreifer zu kennen. Doch es gab keine Zeugen, und so wurde der Fall juristisch niemals aufgeklärt und auch sozial in keiner Weise bereinigt.

Vater hatte infolge dieses Todes als der älteste Sohn der Familie, nicht nur die väterliche Landwirtschaft und die Anstellung beim Markgrafen zu übernehmen, sondern auch die Fürsorge für die verwitwete Mutter und die teilweise noch unmündigen Geschwister. Er erbte dafür das Elternhaus, doch nur einen Teil des unter den Geschwistern aufgeteilten väterlichen Grundbesitzes. Er gründete unter diesen Voraussetzungen seine eigene Familie und stand so in seinen jungen Jahren persönlich vor einer komplizierten Aufgabe, die er bei einem sehr bescheidenen Einkommen und nach dem Gebot damaliger Wertvorstellungen auf jeden Fall zu erfüllen hatte. Diese jugendliche Familienerfahrung hat ihn fürs Leben geprägt und gewiss dazu geführt, dass verantwortliches Handeln in seinem Umfeld für ihn in allen Lebensphasen zur entscheidenden Maxime wurde. Dieses Umfeld war in erster Linie die eigene und die geschwisterliche Familie, aber dazu gehörten auch seine Verpflichtungen im markgräflichen Rebgut und über den familiären und beruflichen Sektor hinaus sein Engagement in der katholischen Kirchengemeinde und das Eintreten für die junge Demokratie in der Zentrumspartei in der Weimarer Zeit und nach dem Krieg in der CDU und die Übernahme von Leitungsfunktionen in verschiedenen landwirtschaftlichen Vereinen.

Ich bin in diesem Haus im 1. Stock, im Schlafzimmer der Eltern, am 20. Mai 1932 zur Welt gekommen. Wie ich später herausbekam, war es an einem Freitag in der Woche vor Pfingsten - eine Hausgeburt, wie es damals üblich war. Ich habe in den ersten Lebensjahren im Zimmer mit meinen Geschwistern geschlafen. Ich erinnere mich noch an meine Eisenbettstatt mit dem abklappbaren Seitenteil sowie an die in der Mitte durchgelegene Matratze auf einem wie ein Kettenhemd zusammengehäkelten Metallrost. Und ich erinnere mich an Krankheitstage in diesem Bett, die nicht enden wollten. In Fieberträumen taumelte ich durch Landschaften auf der Zimmertapete: Aus dem violetten kleinblumigen Tapetenmuster krochen Hexen, schwebten zur Decke hin und zogen mich aus dem Bett. Klar vor Augen ist mir auch noch unsere Stube mit ihrer dunkelgrünen Tapete und dem Schreibtisch meines Vaters, den er als Güteraufseher des Markgrafen ja immer schon brauchte, etwa für die wöchentlichen Taglohn-abrechnungen für die Rebarbeiter. Verstärkt durch die dunkelbraunen Möbel, herrschte in diesem Raum eine bedrückend düstere Stimmung. Aus der Gasse, auf die hinaus das Fenster ging, kam niemals Sonne ins Zimmer. Doch man konnte ja mit wenig Schritten zur Seestraße gehen und hatte dort je nach Wetter und Jahreszeit bald ruhig, bald stürmisch bewegt, die Weite des Sees vor Augen bis hinüber in die Schweiz und bis zu den Alpen.

Besonders interessant war es für mich, als ich schon etwas älter war, an der Schiffslandestelle die Ankunft und die Abfahrt der Schiffe zu beobachten und zu schauen, ob man einen der Ankömmlinge kannte. Es gab schon die „Hohentwiel" und die „Zähringen", zwei dickbauchige, einstöckige Raddampfer, die mit ihren roten Schaufelrädern das Wasser aufwühlten und immer mit einer gewissen Schwerfälligkeit an der Hafenmauer anlegten. Als ich erstmals mit der Mutter nach Konstanz durfte, wo sie ihre größeren Einkäufe machte, war für mich die große Sensation auf dem Schiff die Dampfmaschine, die vom Innendeck aus im Bauch des Schiffes frei einsehbar war. Unermüdlich bewegten sich die beiden Kolbenstangen her und zurück und wieder her und zurück und bewegten das Schiff offenbar über die Schaufelräder wie mit zwei riesigen Armen.

Mit der Familie des Onkels war ich gewiss nur wenig zusammen, obwohl das erste Foto, das es von mir gibt, und das einzige in meinem Geburtshaus, in seiner Wohnung aufgenommen wurde. Die beiden Familien verstanden sich nicht. Es gab Erbstreitigkeiten. Vor allem aber: Die beiden Mütter konnten sich nicht leiden und haben sich später, nachdem die beiden Familien an verschiedenen Orten wohnten, niemals besucht.

II. Das Unterstadtmilieu

Da ich in der Unterstadt geboren und in den ersten kindheitlich prägenden Jahren dort aufgewachsen bin, war ich eigentlich ursprünglich nicht einfach nur ein Meersburger, sondern auch ein Unterstädtler. Nicht wenige Leute, die ebenso da wohnten, bestanden auf dieser speziellen Identität. Die Unterstadt war mein Kindheitsmilieu, und sie war das Milieu, in das die Eltern mit allem, was sie waren und unternahmen, voll integriert waren. Es war schon aufgrund der belastenden familiären Situation und der schwierigen Nachkriegsprobleme nach dem 1. Weltkrieg für die Eltern zwar nie die beste aller möglichen Welten, aber für sie und ihre Kinder das Zuhause. Vater war daselbst aufgewachsen, und das Haus, in dem wir wohnten, war ursprünglich schon sein Elternhaus gewesen, das er zusammen mit einem Scheunenhaus auf der anderen Straßenseite und einem Rebgrundstück an der Ausfallstraße Richtung Uhldingen geerbt hatte. Jeder Winkel und alles, was da geschah, war in gewisser Weise Eigentum und vertraut ebenso wie die Leute, die da wohnten und wo einer dem anderen seinen Dienst erwies. Ob die Vorfahren

Urmeersburger waren, ist nicht mehr auszumachen. Möglicherweise ist ein Urahne *„Neßler"* als *„Schwabenkind"* nach Meersburg gekommen und hat hier, als Meersburg schon ein bekannter Weinort war, mit mühevoll zu bearbeitenden Weinbergen, als Rebarbeiter sein Auskommen gefunden. Doch nicht die Herkunft, sondern das gelebte Dasein begründet die Identität.

Es ist ein Jammer zu sehen, wie heute dieser Stadtteil zu einem bloßen Konsumviertel vor allem für Tagestouristen verkommen ist. Es gibt kaum noch alt Eingeborene und nichts Althergebrachtes mehr. Die Häuser sind modernisiert. Vor allem sind die großen Dachgaupen mit ihren Flaschenzügen verschwunden. Und es gibt fast nur noch Andenkenläden und Fastfoodlokale und Trinkbars für den augenblicklichen Genuss. Für die Bürger der Stadt war die Unterstadt lange der wichtigere Stadtteil. Sie ist ja buchstäblich auf Sand gebaut. Die südliche Hälfte ihres Areals wurde im 14. Jh. aufgeschüttet. Diese Aufschüttung hat es erlaubt, eine Marktstraße mit zwei Toren anzulegen. Engagierte bürgerliche Anstrengungen führten zur Verleihung des Marktrechts und etwas später des Stadtrechts. Ein sehr starkes bürgerliches Engagement machte also aus dem vorherigen unbedeutenden Fischer- und Rebleutedorf am Burgabhang eine Stadt. Es gab hier in der Spitalgasse das Ortsspital. Die mächtigen Bischöfe von Konstanz, die als Burgbesitzer zunächst am Ort nur als Gäste präsent waren, honorierten trotz immer wieder aufflackernden Streitigkeiten mit der Bevölkerung diese Entwicklung durch die Errichtung etwa der Unterstadtkapelle, die lange Zeit ein selbständiges religiöses Zentrum war, auch noch neben der Stadtpfarrei in der Oberstadt. Als sich die Bischöfe in der Reformationszeit aus Konstanz nach Meersburg zurückzogen und in der Oberstadt ihre Verwaltungsgebäude und Paläste errichteten, bezogen die Prälaten selbstbewusst ihr Domizil in der Unterstadt im Gebäude des heutigen Hotels Schiff.

Soviel nur vage zur Vorgeschichte der Unterstadt. Als ich geboren wurde, war sie immer noch ein sehr selbständiger und durch ein lebhaftes bürgerliches Leben geprägter Stadtteil. Hier gab es alle Geschäfte, die man brauchte, und meistens sogar mehrfach. *„Läden"* sagte man, nicht Geschäfte. Das Wort *„Laden"* bezeichnete ursprünglich das Auslagebrett eines Verkaufsstandes, also einen Ort, wo der Käufer sieht und prüft, was er kaufen will, nicht so sehr den Ort, wo der Verkäufer mit seinen Artikeln Geschäfte macht. Der Ausdruck suggeriert eine andere Philosophie als sie etwa heute in einem Einkaufszentrum gegeben ist. In meiner Unterstadtzeit gab es also noch diese Philosophie und die Läden, wo der Käufer als Person in den Laden kam, nicht nur als Käufer.

Es gab in der Unterstadt zwei Metzgerläden, zwei Brotläden, vier Kolonialwarenläden, zwei - etwas später sogar drei - Friseurläden und eine größere Zahl von Gaststuben. Auch mehrere für die ganze Gemeinde wichtige Einrichtungen befanden sich in der Unterstadt, so etwa das Notariat und schon zur Zeit der Postkutschen hinter dem Grethaus die Post. Der Winzerverein wurde sogar aus der Oberstadt in die Unterstadt verlegt. Und in Bezug auf meine Geburt nicht zu vergessen, war da auch die Wohnung von Frau Haller, der einzigen Geburtshelferin weit und breit.

Jeder „Laden" in der Unterstadt hatte eine gewisse Originalität, was neben den Baulichkeiten und den Einrichtungen die atmosphärische Eigentümlichkeit des Stadtteils mitbestimmte. Diese Originalität hing vor allem auch mit den Persönlichkeiten zusammen, die einen „Laden" führten. So ziemlich alle waren als Personen Originale und prägten sich als solche einem Kind ganz besonders ein. Arthur Zwick etwa einer der Kolonialwarenhändler, ein dicker Mann mit Glatzkopf, einem Spitzbart und einer randlosen Brille und auch immer mit Krawatte und in dunklem Anzug. Öffnete man die Türe zum Ladenlokal, so schepperte die Ladenschelle, und schon trat er ganz geheimnisvoll aus dem dunklen Hintergrund des Ladens hervor und fragte: „Was willst du?" Lieber wurde ich von ihm bedient als von seiner noch dickeren Frau. Doch von beiden bekam man am Ende ein rundes farbiges „Zickerle". Ganz anders war alles bei Druwe nebenan, wo man gewöhnlich die Nudeln kaufen musste: ein großer schlanker Mann mit straff nach hinten gekämmtem Haar, auch er immer mit Anzug und Krawatte. Er war Protestant, was damals in Meersburg eine Seltenheit war. Das hieß aber einfach, man sah ihn nie in der Kirche. Für ein Kind war er immer auf Distanz, ganz im Gegensatz zu seiner zierlich kleinen, kraushaarig fast schon grauen Frau, bei der man sich geradezu liebevoll angesprochen und bedient fühlte. In diesem Laden bekam man beim Einkaufen ein echtes in Glanzpapier eingewickeltes Bonbon. Eine wiederum andere Atmosphäre herrschte im Kolonialwarenladen Süß und Schneider, wo oft Helmuth, der Sohn von Frau Schneider, einen bediente. Einen Hausmann gab es da nicht. Helmuth und sein ganzer Laden repräsentierte die jüngere Generation. Er trug eine weiße Mantel-schürze. Doch man sah nicht, womit er sich je schmutzig machen konnte. Die Waren lagen da wohlgeordnet in einem Wandregal oder auf dem Ladentisch. Man musste zeigen, was man wollte und bekam es eingepackt und ohne jederlei Schnörkelei ausgehändigt.

Ähnlich unterschiedlich wie die Kolonialwaren-händler waren die Bäcker. *„Der Mayer"* war nicht nur Bäcker, sondern auch der einzige Konditor am Ort, *„Feinbäcker"* sagte man. Und es gab bei ihm Torten, die man alle gerne gehabt hätte, aber niemals bekam. Eine Anisschnitte durfte ich mir da manchmal kaufen, zusätzlich zur Hefe, derentwegen ich in diese Bäckerei geschickt wurde. Der ganze

Laden roch immer nach Anis. Geschenkt bekam man hier nichts. Der Kauf, bloß für 10 Pfennig Hefe, entsprach natürlich auch nicht dem Niveau dieses Ladens. Im Nebenzimmer gab es ein Café. Ich betrat es nie, beobachtete aber durch die Glastüre, wie Leute dort Kaffee tranken, dem Duft nach richtigen Kaffee, während es zu Hause ja nur Malzkaffee gab. Die Bäckersfrau hinter der Tortenvitrine blickte auf mich herab: *„Was willst du denn?"* Und sie gab mir für meine 10 Pfennig die Hefe ohne ein weiteres Wort. Was hatte man als gewöhnlicher Leute Kind da überhaupt zu suchen? Beim Bäcker Thum dagegen, wo die Eltern unser Brot backen ließen, und wo alles ein bisschen schmuddelig war, bekam ich oft gratis eine Brezel. Und sowohl der alte dicke Thum mit seiner weiß-schwarz karierten Bäckerhose und seiner mehligen Bäckerschürze als auch Max, der Sohn, den ich dutzte, begrüßten mich mit *„Na Bernhärdle, wie geht es dir?"*

Die Kinder waren in vielen Familien die Personen, die für Dinge des täglichen Gebrauchs zum Einkaufen geschickt wurden. Die Eltern hatten gewiss gewöhnlich selbst keine Zeit dazu. Doch der andere Grund war, dass sie oft kein bares Geld hatten.

Kindern gab man sowieso kein Geld in die Hand. Sie bekamen ja auch kein Taschengeld. Mit ihnen ließ man selbstverständlich anschreiben und brauchte sich dafür nicht zu schämen.

Ein besonderes Verhältnis hatten wir Kinder in unserer Familie zu unserem Frisör, zu Rübelmann. Wir mussten alle paar Wochen immer nur zu ihm, obwohl es ja auch die anderen viel vornehmeren gegeben hätte. Die Eltern ließen uns keine Wahl, denn Rübelmann war unser Nachbar. Und mit kleinen Buben beschäftigte sich da die Frau, die dicke Rübelmännin. Jedes Mal musste man warten, bis sie im Damensalon gerade frei war. *„Komm, jetzt bist du dran!"* hieß es dann. Und sie setzte einen auf einen Drehstuhl ohne Lehne, wirbelte ihn hoch, so dass man keinen Boden mehr unter den Füssen und überhaupt keinen Halt mehr hatte, band einem ein riesiges Frisiertuch um den Hals und fing gleich an, mit ihrem Handhaarschneider auf dem Kopf herum zu schnippeln. Man schloss die Augen, und an allen Stellen auf dem Kopf zog, riss und biss es. Manchmal zwickte sie einen auch ins Ohr. Es gab für einen Jungen nur eine Frisur: den Bubikopf. In Wirklichkeit war es eine Glatze, bei der nur vorne über der Stirn ein Schnipsel Haare stehen blieb - kein Ort mehr, an dem sich Läuse einnisten konnten. Wie ein getretener Pudel rutschte man am Ende vom Stuhl herunter und floh aus der Frisierstube, so schnell man konnte. Das Bezahlen regelten sowieso die Eltern.

III. Verlust der Unterstadtidentität

Ein Unterstädtler sein, das war für mich, ohne dass ich ein Bewusstsein davon hatte, meine früheste Identität, wobei diese, wie schon gesagt, mehr bedeutete als: vor Ort die Leute kennen. Man sagte in der Oberstadt, die Unterstädtler seien ein Volk für sich. Für einen Oberstädtler galt man in der Tat fast als ein Auswärtiger, der am Wasser lebte und auf jeden Fall in einer anderen Welt. Vielleicht hatte das auch noch mit der bischöflichen Stadtgeschichte zu tun, wo nach der endgültigen Verlegung des Konstanzer Bischofssitzes nach Meersburg das bischöfliche Personal sich vor allem in der Oberstadt und in der Nähe des Schlosses ansiedelte. Dieses Personal war gebildeter als die Unterstädtler und nahm an den Fortschritten der Zeit in stärkerem Maße teil.

Jene gutbürgerliche unterstädtische Identität und Solidarität ging indes schon in meiner Jugend völlig verloren. Das bekam nicht zuletzt Vater mit seiner Familie und seinem unterstädtischen Anwesen zu spüren. Er wurde aus der Unterstadt hinausgeekelt, was allerdings auch mit dem völligen Struktur-wandel der örtlichen Verhältnisse zu tun hatte und mit der neuen, der nazistischen Politik.

Die Nationalsozialisten waren bereits 1933 in Meersburg die maßgebliche politische Kraft. Der sehr beliebte Bürgermeister Dr. Moll ist schon 1932 in die NSDAP eingetreten. Und 1933 wurden die gewählten Organe der Gemeindeverwaltung (Ge-meinderat & Bürgerausschuss) aufgelöst, um na-tionalsozialistischen Mitgliedern Platz zu machen. Vater war zu dieser Zeit kommunaler Abgeordneter der Zentrumspartei und wurde zusammen mit einem anderen Zentrumsabgeordneten auf Weisung der Gauleitung dazu gezwungen, sein Mandat nie-derzulegen. Sein gewaltsamer Verzicht ist durch seine Unterschrift dokumentiert (vgl. Meersburg unterm Hakenkreuz, S. 13), offenbar nichts jedoch von den begleitenden Vorgängen, von den wahrscheinlich stattgefundenen Protesten einer Opposition und nichts davon, dass sich etwa der Bürgermeister der Maßnahme entgegengestellt hätte. Man muss sich allgemein die Frage stellen: Wie kam es, dass in einer so kleinen Stadt wie Meersburg am äußersten Rande der Republik sich die nazistischen Berliner Zustände in gewisser Weise schon abbildeten? Die Zentrumspartei wurde schließlich verboten. Vater hat danach noch an den Bemühungen der Zentrumsmitglieder teilgenommen, über die Organisation *„Stahlhelm"* einen gewissen Einfluss auf die Politik zu behalten. Noch Jahre später hing in seinem Kleiderschrank eine Stahlhelmuniform, die er jedoch nie getragen hat. Sie war familiär ein verborgenes Zeugnis für seine Irritation. Die Organisation ist gescheitert und wurde schließlich aufgelöst, wobei die Mitglieder großenteils in die NSDAP übergetreten sind. Er hat dabei nicht mitgemacht. Sein gespanntes Verhältnis zum Meersburger Rädelsführer der Organisation, Eduard Siegel, der schließlich auch Mitglied der NSDAP wurde, war selbst nach dem Krieg noch ein sehr gestörtes. Als Vertreter des Bauernverbandes hatte er da wieder mit ihm zu tun, denn er war der einzige Großbauer in Meersburg. Ich musste im Auftrag des Vaters immer wieder eine Unterschrift bei ihm einholen und bemerkte dabei die nachhaltige Spannung. Sie war vielleicht nun noch größer, da Siegel nach dem Krieg als wichtiger Vertreter der Meersburger Protestanten aufgetreten ist. Für viele Nazifreunde war nach dem Krieg das religiöse Engagement scheinheilig das Mittel, sich von der Vergangenheit rein zu waschen.

Vater war in den Zwanziger- und Dreißigerjahren aktiver Vertreter der Zentrumspartei und stand so also politisch auf der Gegenseite des Bürgermeisters und der Nazianhänger. Das war der politische Hintergrund, auf dem er wegen seiner Landwirtschaft mitten in der Stadt ganz abgesehen von einer urbanistisch letztlich unhaltbaren Lage in Konflikt mit der Stadtverwaltung und mit den Nachbarn kam.

Man entdeckte in den späten Zwanziger- und den Dreißigerjahren Meersburg für den Fremdenverkehr oder besser umgekehrt, den Fremdenverkehr für die Stadt und sah, dass man damit mehr Geld verdienen konnte als mit den Reben und mit der Landwirtschaft oder gar mit der Fischerei. Das erklärte und allgemein von den Einwohnern als gut befundene gemeindepolitische Hauptziel des Bürgermeisters Dr. Moll war deshalb die Entwicklung des Fremdenverkehrs. 1936 stellt er im Gemeindeblatt fest: *„Es ist heute nur noch ein kleiner Teil der Einwohnerschaft, der gar keinen Nutzen und Vorteil* *vom Fremdenverkehr, besonders seit der Entwicklung vom Jahr 1933 ab hatte, vom Hotelgewerbe angefangen bis zum Bauhandwerker und bescheidenen Zimmervermieter."*

(vgl. Meersburg unterm Hakenkreuz, S. 120)

Dass Meersburg seit Jahrhunderten eine erfolgreiche Rebbaugemeinde war, fand keine Aufnahme in diese Bilanz. Aber es war nun eben, auch abgesehen von der Politik, ein neues Wirtschaftsmodell das Ziel: der Fremdenverkehr. Die Schönheit der Landschaft und die vielen historischen Gebäude waren ein kostenloses Angebot dafür. Was der Stadt für eine gute touristische Vermarktung fehlte, waren eine gehobene Hotellerie und eine einigermaßen komfortable Infrastruktur einschließlich eines verkehrsmäßig akzeptablen Zugangs zur Stadt. Diesen beiden Bereichen gehörte die neue gemeindepolitische Aufmerksamkeit. Und man war bereit, größte Opfer dafür zu bringen, wie etwa die Einrichtung des Fähreverkehrs nach Konstanz, der für die Stadt Konstanz ein großes Geschäft wurde, aber für Meersburg zwar allgemein von großem Nutzen war, aber gemeindepolitisch einseitig allergrößte infrastrukturelle Belastungen mit sich brachte. Nicht zuletzt aber fühlte sich der Bürgermeister mit seiner Einstellung auch im Einklang mit der neuen nazistischen Politik, die ganz allgemein einen Aufbruch in eine neue Zeit propagierte.

Mein Vater war mit seiner Landwirtschaft mitten in der Stadt und an einem so exquisiten Platz wie in der Spitalgasse direkt neben dem Strandcafé, für den Fremdenverkehr objektiv ein Störfaktor allerersten Grades. Auch der Küfermeister Dreher nebenan störte mit seinen Fässern mitten auf der Straße und dem Gehämmer und Gesäge den ganzen Tag über und wurde deswegen kritisiert. Doch die Landwirtschaft meines Vaters war noch anstößiger. Er musste mit seinen Kühen ja täglich durch die Unterstadt ziehen, um zu seinen Feldern weit außerhalb zu gelangen und am Abend zurück. Die Kuhfladen auf der Straße bis zum Stall neben dem Strandcafé waren ein unvermeidbarer offizieller alltäglicher Ärger. Dazu kam, dass seine *„Schier"*, seine Scheune, mit dem Heu und dem Stroh sich auf der gegenüberliegenden Straßenseite zum Stall befand, sodass ein tägliches schmutziges und stinkendes und vielleicht auch lärmiges Hin und Her zwischen Stall und Scheune die Folge war. Die Spitalgasse war für ihn ebenso wie für den Küfer und auch für den Metzger Gessler nebenan ihr traditioneller Wirtschaftsraum. Das konnte mit dem Fremdenverkehr nicht so bleiben. Aber das Schlimmste war wohl für den Vater, dass sich die Stallmiste am anderen Ende der Unterstadt befand, hinter dem Café Hummel. Jeden Morgen musste der nächtliche Stallmist dorthin gekarrt werden. Als es noch andere Landwirte in der Unterstadt gab und auch den Schlosser, den Flaschner, die beiden Schuhmacher der Stadt und all die Rebarbeiter von Wolfegg, von Salem und auch vom Winzerverein, war das nichts Besonderes, nun aber, wo der Fremdenverkehr wichtig wurde, war das eine unerträgliche Situation.

Neben unserem Haus also, doch auf der Seeseite und mit einer Terrasse zum See hin befand sich das Strandcafé, ein touristisch äußerst attraktiver Ort. Es hatte mit Herrn Weißhaar einen neuen Besitzer bekommen. Aus dem vorherigen bescheidenen *„Kaffée Sutter"* wurde nun das allein schon dem Namen nach viel anspruchsvollere *„Strandcafé"*. Und es war gleich schon bekannt für seinen Kaffee, aber auch für die exquisiten Torten, die im Schaufenster neben unserem Haus täglich neu ausgestellt und von uns Kindern mit wässrigem Gaumen bestaunt wurden. Man roch am Eingang den süßlichen Kaffeeduft und auch die Torten. Dieses Café war nun freilich nur für die vornehmen Gäste von auswärts da, *„die Fremden"*, wie man sagte, eine höhere Spezies von Menschen. Alle waren natürlich vornehmer gekleidet als die Meersburger, und sie hatten, so schien es uns, nichts anderes zu tun, als auf der Seestraße zu flanieren und in einem der Cafés oder Hotels vornehm zu speisen. Meersburger sah man unter all diesen Leuten keine, es sei denn an der Schiffslandestelle, wo sie als Zimmervermieter die *„Fremden"* in Empfang nahmen, um sie dann zu ihren Unterkünften zu führen, oder aber um sie zu verabschieden.

IV. Der Verkauf des Elternhauses und das neue Wirtschaftsmodell

Der Besitzer des Strandcafés, Herr Weißhaar, der als Nicht-Meersburger ursprünglich wohl keine Ahnung hatte von den alten örtlichen Gegebenheiten, beklagte sich, kaum dass er sein Haus erworben hatte, über die unerträgliche Nachbarschaft. Und er fand mit seiner Klage vor allem beim damaligen Bürgermeister verständnisvolles Gehör.

1935 eskalierte offenbar die Situation für den Vater. Mit allergrößtem Nachdruck legte man ihm nahe, sich außerhalb der Stadt ein neues Grundstück zu suchen und auszusiedeln. Und er wurde unter Druck gesetzt, dies bald zu tun, ungeachtet seiner finanziell nicht vorhandenen Ressourcen und der Unmöglichkeit einer Kreditfinanzierung, wenn man nichts Größeres besaß. Dass es sich bei unserem Haus um einen alten, über Generationen hinweg vererbten Familienbesitz handelte, und dass die landwirtschaftliche Nutzung hier althergebrachter Brauch war und auch, dass Meersburg ja seit Jahrhunderten ein renommierter Weinort war mit Rebleuten, die Tag für Tag wohl oder übel dreckig von der Rebarbeit in ihre Wohnungen zurückkamen, dafür hatte man kein Verständnis. Und diese Haltung fand wohl in breitesten Kreisen der Bevölkerung Unterstützung. Längst hatte man allgemein am Geschäft mit den „Fremden" Geschmack gefunden, andere Werte oder gar nachbarliche Rücksichten hin oder her. Das Milieu, in das ja Vater zutiefst integriert war und die Milieuzugehörigkeit überhaupt zählten nicht mehr. Die touristische Kommerzialisierung in allen Bereichen war in den Köpfen der Leute längst im Gange. Aus jedem Grundstück in der Stadt, aus jeder Kammer konnte man touristisch ein Geschäft machen. Und Dienstleistungen im Fremdenverkehr wurden anstelle der Rebarbeit oder sonstiger herkömmlicher Beschäftigungen für viele zur beherrschenden lebensplanerischen Perspektive. Über die gesellschaftliche Desintegration, die bei dieser Einstellung die Folge sein musste und die Veränderung des Stadtkonzepts machte man sich keine Gedanken. Die Politik bot ohnehin einen neuen Horizont.

Der Cafébesitzer bot schließlich an, unser Wohnhaus und auch die Scheune auf der anderen Straßenseite zu kaufen. Es gab keinerlei Ausschreibung und kein offenes Verkaufsaufgebot. Es war im Vorhinein abgemachte Sache, dass nur er der Käufer sein sollte, und als der einzige Interessent konnte er den Preis diktieren. So musste der von ihm vorgeschlagene Preis akzeptiert werden. Es war ein Zwangsangebot und musste, nicht zuletzt auch unterstützt durch die Politik, angenommen werden, so ungünstig es auch war. Der Verkaufspreis reichte bei weitem nicht aus, um ein Baugrundstück außerhalb zu erwerben und ein Haus zu bauen. Dennoch wurde der Handel abgeschlossen und eine fast aussichtslos abzutragende Verschuldung in Kauf genommen...

Mutter hat später über die Szene beim Kaufabschluss berichtet: Nach dem, was sie erzählte, traf man sich dazu in der Gaststube des Strandcafés: die beiden Ehepaare Neßler und Weißhaar, der Notar und der Vertreter des Bürgermeisters. Man nahm an einem Tisch Platz, klärte den Vorgang, und es wurde unterschrieben. Der Käufer und seine Partei waren damit höchst zufrieden. Frau Weißhaar verließ den Tisch und kam zur Feier des Ereignisses mit einer großen Platte Torten zurück. Sie stellte sie auf den Tisch. Doch es gab, wie Mutter berichtete, keine Kuchenteller, kein Kuchenbesteck und auch keine Einladung zuzugreifen. *„Mobbing"* würde man zu diesem Verhalten heute sagen. Natürlich: Mit Rebleuten, Landwirten von der Art meiner Eltern setzte man sich an diesem Ort sowieso nicht an einen Tisch. Man konnte sich ihnen gegenüber alles erlauben, zumal wenn sie auch politisch auf der anderen Seite standen. Meine Mutter hatte Frau Weißhaar schon als Mitschülerin in der Mädchenschule gekannt. Sie sei eine der Dümmsten gewesen, meinte sie. Doch nun gehörte sie zum Adel der Meersburger Hotel- und Gaststubenbesitzer, einem *„höheren"* und auch politisch willfährigen Stand, der mit den Alteingesessenen möglichst nichts mehr zu tun haben wollte.

Unser Haus jedoch - und dabei auch mein Geburts-zimmer - wurden nach dem Verkauf dem Strandcafé buchstäblich einverleibt. Ein bloßer Mauerdurch-bruch im 1. Stock erlaubte es, die Gaststube um unsere Wohnung zu erweitern. Noch lange war das vor Ort unmittelbar verifizierbar. Und der Wert-gewinn des Cafés durch unser Haus ist nicht mehr zu beziffern.

Eine letzte Erinnerung aus der Zeit, in der mein Vater aus der Unterstadt ausziehen und aussiedeln musste, ist für mich, dass ich an einem Sommertag mit Tante Luis zur Baustelle für das neue Haus ging, um Vater und Onkel Emil, ihrem Mann, die Mittags-suppe zu bringen. Sie waren dabei, in härtester Handarbeit mit Pickel und Schaufel die Baugrube auszuheben. Das neue Haus stand dann schließlich in einfachster Ausführung da, d.h. nur mit den nötigsten Zimmern, ohne Bad, ohne Wirtschafts-raum für die Landwirtschaft, ohne Doppelfenster, ohne Toilettenspülung, ohne Anschluss an die Kanalisation und Jahre lang ohne Verputz.

3. Karline Schlosser

Ich war zwar die ersten vier Lebensjahre an sich im elterlichen Haus in der Spitalgasse daheim, verbrachte aber in diesen Jahren die meiste Zeit bei Karline. Die Eltern hatten eine Landwirtschaft, hatten 2 Kühe, vor allem aber Reben, in denen das ganze Jahr hindurch immer viel zu tun war. Vater war außerdem, wie schon gesagt, in einem sehr aufwendigen Zweitberuf Güteraufseher des Markgrafen von Baden. Die Eltern hatten wenig Zeit für die Kinder. Mit den beiden älteren Geschwistern war die Erziehungslast wohl noch einigermaßen überschaubar. Und sie mussten ja auch schon im frühesten Alter mithelfen, wo immer es ging. Für mich dagegen, dem viel später geborenen dritten Kind, suchte man sogleich eine Kindsmagd, die mich tagsüber betreute und die mich so eigentlich auch aufzog. Das war Karline. Sie wohnte nur einige Häuser weiter in der Seestraße. Auch bei ihr blieb ich ein Unterstädtler, bekam aber vieles, was sich in der Familie abspielte, nicht mit. Und ich hatte natürlich keine Ahnung weder von den politischen noch von den lokalen Verhältnissen, unter denen die Eltern zu leben hatten und speziell von den Schwierigkeiten, in die sie mit ihrem Haus kamen.

Karline war eine nicht mehr berufstätige kinderlose *„alte Jungfer"*, und ich wurde ihr Hätschelkind. Wann immer es das Wetter erlaubte, saß ich mittags mit ihr auf dem Bänkle am See und fütterte die Möwen, während sie mit ihren Freundinnen tratschte. Sie alle kannten mich und nannten mich auch später noch wie sie: *„s'Bernhärdle"*. Sie sollte mich eigentlich nur stundenweise hüten, ebenso wie auch schon die Geschwister, wenn die Eltern keine Zeit hatten. Doch, wie ich mich erinnere, war sie immer nur ganz und gar für mich da. Und sie verwöhnte mich, wo immer sie konnte, trotz ihrer bescheidenen Verhältnisse. Täglich durfte ich mir bei Frau Schultheiss im Kolonialwarenladen neben-an eine Banane kaufen. Und es gab nichts Besseres für mich als das Rührei, das Karline für mich machte. Eines Tages kam ein Glasbläser in den Stadtgarten. Sie ging mit mir hin, um die Wunderwerke zu bestaunen, die er aus nichts hervorbrachte. Alles, was er machte, war für sie natürlich unerschwinglich teuer. Aber ich durfte mir dennoch ein Blumen-väschen bei ihm bestellen und zusehen, wie er es aus einem Glasstengel blasend hervorzauberte. An Weihnachten errichteten ihre Hauseigentümerinnen für sie einen Tannenbaum in ihrem Zimmer. Statt der sonst üblichen Glaskugeln bestand der Schmuck bei ihr nur aus in Silberpapier eingewickelten Walnüssen, den Silberfäden und einigen Kerzen. Nur mit mir zündete sie diese an, und das wurde dann eine ganz intime Weihnachtsfeier. Karline sang, während ich ihr Geschenk unter dem Baum auspackte. Einmal war es ein kleiner Tisch-puppenwagen mit einem Püppchen darin. Meine Mutter regte sich darüber auf: *„Was schenkt dir die alte Kuh denn so ein Mädchenspielzeug!"* Und es verschwand sogleich, als ich es nach Hause brachte. Die Beziehung zwischen Karline und mir litt darunter nicht. Wir gingen im Frühjahr, Sommer und Herbst täglich zusammen zu den Büschen am Hotel Schiff, um Blätter für ihr Rotkehlchen zu pflücken. Ich kümmerte mich mit ihr zusammen um es und brachte es wie sie zum Zwitschern. Es war auch für mich ein trauriger Tag, als es eines Morgens tot in seinem Käfig lag. Die größten Anforderungen stellte ich an sie, wenn wir zusammen *„Pfarrerles"* spielten. Ein Stuhl diente als Altartisch, eine Weihnachtskarte mit einer Weihnachtskrippe als Altarbild. Ich war der Pfarrer und hielt die Messe. Karline war der Mesner, der die Kerze anzündete und mir Wasser als Mess-wein einschenkte. Aber sie repräsentierte vor allem auch die Gläubigen und musste an deren Stelle singen und laut beten.

Als ich etwas mehr als 4 Jahre alt war, bauten die Eltern ihr neues Haus in der Oberstadt. Wir zogen um, und ich musste in den Kindergarten. Doch ich ging immer noch, wann immer ich konnte, zu Karline. Erst ab 1940, als sie krank wurde, war ich nur noch ganz selten bei ihr. Meine Mutter musste mich schließlich sogar zwingen, sie hin und wieder zu besuchen und ihr eine kleine Aufmerksamkeit zu bringen. Sie war nun zu alt für mich. Auch lag sie fast nur noch im Bett. Schon lange hatte ich bemerkt, wie dünn ihr graues Haar geworden war, dazu das schlecht zusammengesteckte Haarnest und diese Runzeln im Gesicht, die fahle Haut, die zittrigen Hände. Sie ging, wenn überhaupt, nur noch tief gebückt. Am meisten störte mich aber der Altweibergestank im ganzen Zimmer. Einige Male ging die Mutter auch ohne mich zu ihr.

In ihrer Vergangenheit war sie ja Köchin im *„Wilden Mann"* gewesen, das will etwas heißen. Der *„Wilde Mann"* war das vornehmste Hotel am Ort, wunderbar gelegen, direkt am Wasser, weithin bekannt auch für seine Küche. Karline war dort sehr geschätzt. Frau Himmelsbach, die Tochter des ehemaligen *„Wilden-Mann"*-Wirtes, kümmerte sich in

Karlines alten Tagen immer noch hin und wieder um sie, obwohl sie nun schon seit Jahren Lehrersfrau war und das Hotel längst in fremden Händen lag.

Für eine ganze Reihe von Leuten gehörte ich lange Zeit eher zu Karline als zu meiner Familie. Als sie im Februar 1941 starb, wurde ihr Leichnam im Leichenhäusle aufgebahrt. Meine Mutter musste mich zwingen, mitzukommen, um ihr die letzte Ehre zu erweisen und das Weihwasser zu geben. Sie war die erste Tote in meinem Leben, die ich sah. Ich erkannte sie nicht wieder. Ich war erst vor einem Monat Ministrant geworden und konnte an sich noch gar nicht ministrieren, schon gar nicht bei einer Beerdigung. Aber der Kirchenmesner, der meine Familie sehr gut kannte, bestimmte: Du wirst bei Karlines Beerdigung ministrieren. Das geschah dann auch. Ich musste nur das Weihrauchschiffchen halten und beobachtete am Rand des Grabes die ganze Beerdigung als einen sehr fremdartigen Vorgang, der mit der Person, wie ich sie kannte, gar nichts zu tun hatte. Später wunderte ich mich über meinen gefühllosen Abschied. Wie konnte das sein, wo diese Person doch Jahre hindurch alles für mich gewesen war. Was ich als Kind überhaupt nicht begriffen habe, das war das Alleinsein von ihr und dass sie vielleicht meinen häufigeren Besuch gerade in den letzten Lebensjahren gebraucht hätte. Konnte oder musste ich mir daraus ein Gewissen machen?

4. Rückkehr in die Unterstadt

Der große Gewinn für mich, den der Neubau des Elternhauses in der Oberen Lehre mit sich brachte, waren die Freunde: Zwei gleichaltrige Buben, Paule und Alois, und zwei Mädchen, Agathe und Annemarie, im Nachbarhaus. Wir gingen zusammen in die Kinderschule und waren sehr schnell untrennbare Spielkameraden. Die Unterstadt war ihnen fremd. Sie gehörte, obwohl am selben Ort, nicht zu ihrem Lebensraum. Eines Tages hatten sie den Wunsch, dass ich ihnen diese mir immer noch sehr vertraute Welt zeige. Wir entschlossen uns an einem Nachmittag im Frühling 1938 dazu, als ich zum Spielen zu ihnen durfte. Wir gingen zunächst zur Schiffslände und beobachteten, wie das Dampfschiff von Konstanz anfuhr, an- und wieder ablegte, und wir folgten dem Schiff auf der großen Südmole bis zur Nebelhupe, wo die Schiffswellen heftig gegen die Steinblöcke schlugen, welche die Mole auf der Südseite befestigen. Wir rannten den Möwen nach, die sich auf das Geländer setzten und sowie irgendwo ein Essensrest lag, darauf zuflogen und kreischend miteinander stritten, bis eine ihn erhaschte und damit davonflog.

Doch interessant war für uns eigentlich nur das Hafenbecken auf der anderen Seite der Mole, wo Schiffe nur bei stürmischer See einfahren und landen durften. Da lagen auch die Gondeln, Fischerboote und in der Ecke neben der Ostmole, die das Becken begrenzt, sogar ein Zollboot. Das wollten wir uns ansehen, und so gingen wir zur Ostmole. Doch auf ihr fühlte man sich unsicher. Sie hatte nur auf der Ostseite ein Geländer, und die Molenoberfläche hatte ein rundes Profil. Man bekam auf der Seite ohne Geländer Angst, mit einem Fehltritt ins Wasser zu stürzen. Und wir hatten ja auch Lust, uns in unserem Übermut gegenseitig zu schubsen.

Schließlich gingen wir zur großen Hafenrampe vor dem Seehof. Dort konnte man sich gemütlich hinsetzen und auf der Seite zum Rieschen hin sogar bis zum Wasser hinabsteigen. Aber dort war im Augenblick Fischer Klingenstein mit seinen Fischernetzen beschäftigt und belegte mit ihnen die ganze Ecke bis hinab zum Wasser. Doch auf der anderen Seite Richtung Schiffslände konnte man auf dem zum Wasserspiegel hin abfallenden Mauerstück auch ans Wasser gelangen. Dort lagen mehrere Gondeln, ein abgetakelter Segel und ein Fischerboot. Wahrscheinlich gehörte es ebenso wie die Gondeln dem Fischer. Es war an diesem Nachmittag schönstes Badewetter aber noch keine Badesaison. *„Ist das Wasser nicht schon warm genug zum*

Baden?" fragten wir uns. *„Ich will probieren, ob es schon warm ist!"* erkühnte ich mich vorzuschlagen und weil ich den Vorschlag gemacht hatte, musste ich ihn auch ausführen. Ich zog Schuhe und Strümpfe aus und tastete mich, nicht weit vom Fischerboot entfernt, auf der abschüssigen Rampe langsam nach unten, bückte mich am Rand, um ins Wasser zu greifen. Da geriet ich mit meinem vorderen Fuß auf den grünen Moosschlitt, der den Wasserrand säumte. Ich rutschte aus und glitt ins Wasser. Ich rutschte auf der Schräge weiter hinab und versank im Wasser bis zur Hüfte, dann bis zur Schulter. Unter den Füßen hatte ich keinen Boden mehr und begann zu zappeln, und ich schrie: *„Ich ertrinke!"* - *„Schwimmen!"*, riefen die Freunde zurück. Aber das konnte ich noch nicht. *„Hilfe"*, schrie ich weiter. Die Freunde hatten offenbar schon begriffen und haben den Fischer gerufen. Der war sofort zur Stelle und rief mir zu: *„Halte dich am Boot! Halte dich daran fest, ich ziehe dich heraus."* Er manövrierte das Boot mit der Leine, so dass es sich gleich schon unmittelbar neben mir befand. Ich hielt mich daran fest. Und er zog mich mit dem Boot nach vorne und half mir schließlich aus dem Wasser. Ich war schockiert. Er schimpfte auf mich ein. Doch seine Ermahnungen hörte ich nicht. Mit Hose und Hemd tropfnass bis auf die Haut ergriff ich Socken und Schuhe und lief davon, rannte durch die Unterstadt und die Burgtreppe hinauf bis nach Hause, ohne mich noch umzuschauen. Ich schämte mich nur, wollte mit niemandem reden, schämte mich, bis ich zu Hause war und die Mutter mich zitternd ins Bett steckte. Erst da kam ich zu mir und realisierte, was geschehen war: Ich wäre fast ertrunken - nicht weit weg von der Spitalgasse, die ich den Freunden doch zeigen wollte, weil ich da auf die Welt gekommen bin und vieles zeigen konnte, was sie, obwohl sie Meersburger waren wie ich, nicht kannten.

5. 1939 - Jahr des Aufbruchs

1939 war nicht nur das ereignisreichste Jahr in meiner Kindheit. Im Verlauf dieses Jahres erweiterte sich auch das Feld meiner kindlichen Lebenserfahrung ganz entscheidend. Die Welt und das Weltgeschehen drangen ein in den Umkreis meiner Erlebnisse und erweiterten den kindlichen Horizont über die Angelegenheiten der Familie hinaus. Das öffentliche Leben und die geschichtliche Wirklichkeit wurden zu wahrgenommenen Faktoren.

I. Geburt meines jüngsten Bruders

Das Jahr begann mit einem freudigen Familienereignis. Am 31. Januar wurde mein Bruder Albert geboren. Der Vater holte bei dieser Gelegenheit die Großmutter ins Haus, um den Haushalt zu führen. Sie kam und erzählte, sie habe beim alten Schloss noch den Storch gesehen, nachdem er das Kindle gebracht hatte. Ich glaubte so etwas schon lange nicht mehr. Die Großmutter: das war doch naiv von ihr, so etwas noch zu erzählen. Als die Mutter dann im Kindsbett lag, wurde ich krank und musste im Bett bleiben und verbrachte die Zeit im Bett neben ihr. Als Frau Schiefer, die Hebamme, kam, baute sie immer als erstes aus Kissen einen Sichtschutz auf zwischen der Mutter und mir und hieß mich schlafen. Ich schlief natürlich nicht, sondern *„gickelte"* heimlich und sah, wie sie sich mit den Brüsten der Mutter beschäftigte und ihrem Geschlecht. Ich entdeckte verbotenerweise und überhaupt das einzige Mal in ihrem Leben ihre Intimsphäre, und ich konnte mir denken, dass die Geburt des Kindes damit zu tun hatte.

II. Einschulung

Für mich persönlich war in diesem Jahr zunächst bedeutsam, dass ich an Ostern endlich in die Schule kam. *„Dumm gejährt"*, hieß es, denn ich war ja fast schon 7 Jahre alt, also aufgrund der damals gültigen Einschulungsregeln fast 1 Jahr älter als die meisten

Mitschüler. Mein erster Lehrer war Himmelsbach. Er kannte mich schon lange durch Karline, die er mit seiner Frau, der Tochter des ehemaligen „Wilde-Mann"-Wirts, regelmäßig besuchte, und er nannte mich zwar weiter Bernhärdle wie sie. Aber er war für mich als Lehrer ein Fremder. Und er ging unfreundlicher mit mir um als mit gewissen Lieblingsschülern. Er war streng mit mir. Zur richtigen Erziehung gehörte für ihn wie für die meisten Lehrer der Rohrstock. Wegen mangelhafter Schönschreibleistungen erhielt ich von ihm schon in den ersten Wochen unvergessliche 4 Tatzen, 2 auf jede Hand. Es tat so weh, dass ich den ganzen Vormittag nicht mehr schreiben konnte. Und auch mein erstes Schulzeugnis, das ich von ihm bekam, war ganz und gar mittelmäßig. Ich hatte keine einzige „2". Gleich zu Beginn lernte man ja die schwierige Sütterlinschrift, erst etwas später dann die einfachere lateinische Normalschrift und beim Lesen die Druckschrift, die am einfachsten war.

Trotz allen Frustrationen ging ich gerne zur Schule. Bei den späteren Lehrern ging es mir dann allerdings auch besser, und ich hatte viel bessere Noten.

Die Schule war natürlich vom ersten Tag an eine ganz neue Lebenserfahrung. Schon der Schulweg führte in eine mir bis dahin unbekannte Ecke des Ortes. Man kam am Krankenhaus vorbei, wo hinter dem riesigen Fenster des Operationssaales sich immer irgendwelche Schatten bewegten und vermuten ließen, dass da vielleicht gerade jemand mit einem Leistenbruch operiert wurde, was ja mein Freund Paule erst vor kurzem erlitten hatte. Und täglich sah man am Stadtgraben das armselige Arresthäusle mit dem seltsamen Luftschacht auf der Rückseite. Wer war hier eingesperrt? Ein Dieb, ein Mörder? Jedenfalls ein Räuber? Das waren die Untäter vom Kasperletheater. Andere gab es für uns nicht, obwohl wir ja wenn auch kindlich naiv in einer weltweit vielseitig verbrecherischen politischen Wirklichkeit lebten. Es kam vor, dass wir - ich und meine Nachbarsfreunde (wir gingen immer zusammen zur Schule und taten immer alles möglichst gemeinsam) - an jenem eisernen Luftschacht hinaufriefen: *„Hallo, ist da einer drin?"* Der Luftschacht war nach unserer Vorstellung die einzige Öffnung der Arrestzelle nach außen und so für uns eine neugierig beunruhigende Stelle, dahinter das Böse und das Unheimliche fast greifbar präsent war.

Eine ganz andere interessante Szene auf unserem Schulweg bot sich uns auf dem damals großen Platz zwischen der Volksschule und der Turnhalle der Finanzschule, der in der großen Pause auch unser Schulhof war. Da sahen wir jeden Tag dem Drill der *„Finanzler"* zu - so nannte man die Schüler der Finanzschule. *„Hinlegen! aufstehen! Auf! Ab! Arme hoch! Runter! Im Gleichschritt: Marsch!"* Alles sportliche junge Männer im Turnhemd und in schwarzer Turnhose. Sonst sah man sie auch in der Stadt, doch dort mit Stiefeln und in Uniform mit Hakenkreuzarmbinde wie die SA-Leute. Hier waren sie junge Männer wie andere, die ihre sportlichen Übungen oft sehr ungeschickt machten.

Für mich persönlich wichtig war es nun, dass es in der Volksschule neue Kameraden und Kameradinnen aus allen Ecken der Stadt und selbst aus Daisendorf gab. Und die Schule eröffnete mit dem Lesen und dem Schreiben nicht nur neue Welten, sondern das Denken und geistige Fähigkeiten, die man im Leben brauchte. Aber man musste hier auch stupide üben, wie man richtig *„Heil Hitler"* sagt und auch dass man immer und überall mit Heil Hitler grüßen sollte statt mit *„Guten Tag"* oder *„'s Gott"* (=

Grüß Gott!), und dazu den rechten Arm richtig heben! Das gehört zum guten Benehmen - weit hoch gestreckt, wo es feierlich war, angewinkelt beim bloßen Grüßen.

Was überhaupt nicht zählte, war, dass man sich in der viel zu engen Schulbank mit den Klappsitzen den ganzen Vormittag hindurch qualvoll kaum rühren konnte. Und im Unterricht sollte man eigentlich auch nur zuhören. Den Finger strecken und etwas sagen durfte man nur, wenn man wirklich etwas wusste, was man ja selbst oft kaum sich zu denken traute. Grundprinzip allen Lernens war das Gehorchen. Man hatte auf jeden Fall immer das zu tun und aufzunehmen, was der Lehrer sagte. Er war auch über die Schule hinaus die alles wissende und alles entscheidende amtliche Autorität. Richtig oder falsch, gut oder böse, schön oder hässlich, was das jeweils war, das sagte er.

6. Die Kirchenrenovierung

Aber die Schule war für mich nicht das Ein und Alles. Es gab Erlebnisse, die mir noch wichtiger waren, auch wenn ich mich mit ihnen von den Freunden und auch von der Familie absetzte. Allein sein oder anderes tun als die anderen war für mich nie ein Problem.

Die Eltern waren sehr katholisch. Die Pfarrkirche und alles, was dort geschah und angekündigt wurde, beeinflusste den familiären Tages- und Wochenverlauf viel mehr als etwa die Politik, zu der sie eine große Distanz wahrten. So war es auch für die Familie ein bedeutsamer Vorgang, als es im Frühjahr 1939 hieß, dass die Pfarrkirche renoviert werden solle und dass alle Gottesdienste für längere Zeit in die Unterstadtkirche verlegt würden. Mich interessierte diese Renovation von Anfang an in ganz besonderer Weise. Sie war für mich wohl die erste große Sensation, die ich erlebte und vielleicht ähnlich aufnahm wie Jugendliche von heute die *„Star*

Wars"-Filme. Und ich verfolgte die Renovation in allen einzelnen Phasen. Da wurden gleich schon die Bänke ausgeräumt. Ringsum an den Wänden und auch mitten im Raum wurden Baugerüste aufgestellt. Man konnte die Baustelle jederzeit besuchen und feststellen, dass tatsächlich gewaltige Baumaßnahmen erfolgten. Als sie schon weitgehend vorangeschritten waren, wurde der Chorraum der Kirche wieder freigegeben und für die allmorgendliche Messe genutzt. Es war nun ein völlig veränderter Raum. Es war hell, wo zuvor eine einzige Düsternis herrschte. Anstelle der vorherigen Flachdecke gab es nun ein Gewölbe mit gotischen Zwickeln über den Fenstern. Der Hochaltar war bereits aufgestellt. Über den Altarstufen nun der Altartisch und ein Aufbau, der schon teilweise versilbert und vergoldet war. In der Mitte der goldene Hostientabernakel, darüber die Nische für die Aussetzung der Monstranz. Rechts und links gab es je zwei Nischen mit den Evangelisten. Diese Statuen waren auch vergoldet ebenso wie das große Wandkreuz über dem Altar. Welch eine Pracht! Ich habe die leeren Gold- und Silberfolienheftchen gesammelt, die anfangs noch auf dem Boden herumlagen und in denen es noch Spuren der aufgetragenen Gold- und Silberblättchen gab. Auf beiden Chorseiten waren provisorisch schon die Chorbänke aufgestellt, in denen die Gläubigen der Messe beiwohnen konnten. Ich war durch die ganze neue Gestaltung so verzückt, dass ich als fast Siebenjähriger eine gewisse Zeit hindurch jeden Morgen zur Messe ging.

Nicht nur die Eltern waren über meinen plötzlichen religiösen Eifer höchst verwundert, sondern auch die Ordensschwestern, neben denen ich bei der Messe im Chorraum Platz nehmen musste. Zwischen ihren Flügelhauben schaute ich immer wieder auf die Domina, meine Kindergartenschwester, die mir immer wieder zuzwinkerte und die ich immer noch liebte, obwohl sie mich bei der letzten Weihnachtsfeier im Kindergarten bei der Theateraufführung gezwungen hatte, einen Zwerg zu spielen mit einem absolut widerlichen aufgeklebten Schnauzbart. Die Schwestern lobten mich für meinen Messebesuch, während meine Freunde meine plötzliche Kirchgängerei absolut verurteilten. Sie machten sich lustig über mich und gaben mir den Spitznamen *„Pfarrer"*. Nichts fand ich unangemessener, nichts brachte mich mehr in Wut als das. Denn ich ging ja keineswegs so oft in die Kirche, weil ich Pfarrer werden wollte. Doch von meinem Erstaunen über die Umwandlung des Chorraums und dann des gesamten Gotteshauses konnten sie mich nicht abbringen.

Unendlich lange dauerte es, bis das Gerüst aus dem Hauptschiff entfernt wurde. Ich war einmal an einem Sonntagnachmittag mit meinem Cousin auf das Gerüst unter der Kirchendecke geklettert und konnte sehen, wie dort ein riesiges Deckengemälde im Entstehen war. Auf dem Gerüstboden überall Säcke mit Gips, Eimer mit Farbe und Werkzeug jeglicher Art. Auf der Deckenfläche waren schon riesige Zeichnungen zu sehen und an vielen Stellen Farbproben. Welch eine Offenbarung, als die Restaurierung schließlich abgeschlossen, die Gerüste entfernt waren und die Kirche, wie man sie vorher überhaupt nicht kannte, zu sehen war. Sie war nun kein leerer, dunkler und hässlicher Scheunenraum mehr wie zuvor. Die kitschige blaue Decke mit den aufgemalten gelben Sternen war verschwunden. Es gab nun eine wirkliche Architektur. Die Wände waren gekrönt von einem Stuckgesims ringsum, das die nun eingewölbte Decke mit einem Deckengemälde trug. Zwischen den Fensterausbuchtungen war das Gesims abwechselnd mit Putten und goldenen Amphoren mit Blumensträußen verziert. Die Deckenfläche war um das Deckengemälde herum durch Blattgirlanden aus Stuck verziert und in geometrische Felder mit Rosetten aus Akanthusblättern klar gegliedert. Über dem Rundbogen der Chorwand schwebten zwei riesige Engel und präsentierten ein großes Medaillon mit den Wappen der Fürstbischöfe, die in der alten abgebrannten Vorgängerkirche beigesetzt worden waren. Und dann das Deckengemälde mit Marias Himmelfahrt. Der ganze Raum schien jetzt nur geschaffen, um diese Himmelfahrt als das große Ereignis zu zeigen. Ich war durch alles, was es da ganz neu zu sehen gab, total fasziniert. Erst viel später freilich war ich in der Lage, zu analysieren und nach der Bedeutung der Dinge im einzelnen zu fragen.

Erstaunlich und im Nachhinein kaum verständlich ist für mich, dass in einem Jahr, in dem im ganzen Reich die Durchdringung des öffentlichen Lebens mit der Naziideologie und der Naziherrschaft einen absoluten Höhepunkt erreichte, diese Kirchenrenovation möglich war. Freilich fand in Meersburg die nazistische Agitation trotz vieler nazistischer Manifestationen in der Stadt gewisse Grenzen. Die alteingesessene Bevölkerung war katholisch und blieb kirchentreu trotz aller Nazipropaganda. Und sie war für die vielen oft versteckt zeitkritischen Predigten des Stadtpfarrers nach wie vor empfänglich. Er war denn auch gewiss die treibende Kraft hinter der Renovierung. Und so war ihr Kern letztlich auch eine theologische Aussage, die durch das neu in die Kirche eingebrachte Deckengemälde gemacht wird. Es stellt Inhaltlich *„Mariä Himmelfahrt"* dar. Diese ist eigentlich eine Antwort auf *„Mariä Heimsuchung"*, die *„Verkündigung"*, die als Patronatsfest der Kirche gefeiert wird und an einem Seitenaltar auch bildlich dargestellt ist. Die theologische Besonderheit des Gemäldes besteht jedoch darin, dass es in einem Zeitpunkt entstand, bevor die Dogmatisierung von *„Mariä Himmelfahrt"* durch Rom erfolgte und dass es inhaltlich klar Stellung bezieht nicht für die Konzeption eines **Aufstiegs** Marias in den Himmel (Ascension) wie bei Christus in Christi Himmelfahrt, sondern für die einer **Aufnahme** (Asomption) durch die im Himmel thronende Dreifaltigkeit. Von ihrem pompösen irdischen Grab aus umschweben Maria kleine von der Dreifaltigkeit ausgesandte Engelchen und geleiten Maria nach oben, wo sie erwartet wird. Um das Grab herum hinterbleiben in Aufruhr geratene disputierende, sehr korpulente Gestalten, wohl die Apostel und Maria Magdalena mit einem besonders dicken Arsch, das einzige, woran die Meersburger in diesem Gemälde Anstoß genommen haben. Sie haben dieses Himmelsgemälde geduldet, mehr wahrscheinlich nicht, da immerhin die Stadt am Rande auch mit abgebildet wird. Von großer Zustimmung der Gläubigen war nie etwas zu hören.

Es wäre interessant zu wissen, ob Otto Dix das Gemälde gesehen hat, der ja in dieser Zeit am Bodensee lebte und Malverbot hatte, weil seine Kunst als *"entartet"* eingestuft und deklassiert worden ist, das neue Deckengemälde der Pfarrkirche offenbar nicht. Ein gewisses Einvernehmen des Pfarrers mit der Politik muss es da vielleicht doch gegeben haben. Und die neoklassizistische Gestaltung des Raumes ist zweifellos ein architektonisches Zugeständnis an die Zeit. Es ist derselbe Stil wie derjenige der nazistischen Architektur etwa in München. Aber es gibt keine nur dekorativ eingefügten protzigen Säulen und keine funktionslosen Pilaster, also nichts vom nazistischen Monumentalismus. Das ganze Stuckgesims scheint einzig dazu da, das Deckengemälde zu tragen. Und dieses ist für eine Pfarrkirche, die geographisch im Kontext steht zu den barocken Kirchen im Neuen Schloss und im ehemaligen Priesterseminar und zu den Kirchen in Baitenhausen oder in Birnau eine analoge Notwendigkeit.

Dem Kirchgänger von 1939, der die Kirche heute besucht, muss auffallen, dass es die silberne und goldene Ausstattung am Hochaltar nicht mehr gibt. Sie wurde bei einer neueren Renovation samt den Altarskulpturen spurlos beseitigt. Nicht nur meine kindliche Begeisterung darüber ist damit zu einer spurlosen Vergangenheit und zu einem Nichts zerronnen, sondern auch die Bezeugung des Sinns, den die Initiatoren mit der Silber- und Goldausstattung möglicherweise verbanden. Das Chorkreuz, der Tabernakel und der Altar mit den vier Evangelisten bildeten nicht nur die Zielperspektive des Kirchenraumes, sondern repräsentierten auch die wesentlichen Inhalte des katholischen Glaubens. Es war vielleicht eine sehr subtile Antwort auf den Unglauben des Naziregimes und seinen Nihilismus, diese Inhalte in einer vergoldeten Repräsentation darzustellen. Man konnte dabei etwa an den Sinn der Vergoldungen an den mittelalterlichen Altären denken oder bei einer gewissen Weltkenntnis an die Rolle der Vergoldungen in buddhistischen Tempeln. Die zentrale symbolische Aussage von Vergoldung ist jeweils: Es gibt nichts Höheres. Und so waren die Vergoldungen am Hochaltar der Pfarrkirche auf jeden Fall ein sakraler Affront und eine Provokation namentlich auch im Jahr 1939 auf die hochstaplerische Arroganz der nazistischen Politik.

7. Das Seenachtsfest

I. Das Fest

Der Sommer 1939 war für Meersburg vor allem eine gute Saison im Fremdenverkehr. Unser Nachbar, Herr Feldmann, war offizieller Gepäckträger. Oft war er durch die vielen ankommenden und abreisenden Gäste überfordert, und er hat die Nachbarskinder mitgenommen, um ihm bei der Zustellung oder beim Abtransport von Touristengepäck mit seinem Fahrradanhänger zu helfen. Ich war manchmal auch mit dabei. Man bekam jeweils 20 oder dreißig Pfennig und konnte sich dafür bei Lydia an der Steigstraße ein Eis kaufen.

Der Höhepunkt der Saison war Ende Juli das Seenachtsfest mit Höhenfeuerwerk und bengalischer Schlossbeleuchtung. An der Strandpromenade gab es eine lange Lichterkette mit Lampions und auf dem See festlich beleuchtete Gondeln und

Besucherschiffe auch aus der Schweiz. Die Allgäu war offiziell das Tanzschiff für die Meersburger Gäste. Vor allem aber kam von ihm die Musik, die für Stimmung sorgte. Unzählige Besucher von überall her drängten sich in den Straßen. An der Uferpromenade stand man Kopf an Kopf und wartete gespannt auf den Böllerschuss, mit dem das Feuerwerk begann. Der Abschluss war die bengalische Beleuchtung: Das Alte Schloss auf der ganzen Vorderfront in rotem Glanz und ebenso die Gebäudefront bis zur Finanzschule - ein unvergessliches Bild. Die Cafés und Kneipen waren bis weit in die Nacht hinein geöffnet und voll mit laut singendem und laut grölendem Volk. Auch meine Tante aus der Schweiz ist für dieses Ereignis angereist und war begeistert.

II. Die politische Wirklichkeit im Hintergrund

Dieses Fest wurde veranstaltet, während in der nationalen Politik in diesem Jahr eine ganze Reihe von Maßnahmen getroffen wurden, die Anlass zu größter Sorge hätten sein müssen und kein Grund waren, Feste zu feiern. Teilweise war gewiss Ignoranz die Ursache dafür, dass man überhaupt von wichtigen Dingen in der Politik keine Kenntnis nahm. Wenige Menschen hielten eine Zeitung oder hatten ein Radio. Und natürlich gab es die gezielte Desinformation durch die nazistische Propaganda. Doch viel Problematisches konnte dennoch nicht verborgen bleiben und drang als Realität selbst durch in die Welt kindlicher Erfahrungen.

Es gab etwa in Meersburg wahrnehmbar keine jüdischen Mitbürger mehr und so keinen Grund, die extreme Verschärfung der Judenverfolgung zur Kenntnis zu nehmen, die im ganzen Reichsgebiet 1939 erfolgte, also keine unmittelbare Zielscheibe für die propagierte Judenhetze, keine Kristallnacht. Aber man hat dennoch erfahren, was in Konstanz in dieser Hinsicht geschah, wo es eine größere jüdische Gemeinde gab. Zu allen größeren Einkäufen ging man seit eh und je nach Konstanz, und kaufte ein in den großen jüdischen Geschäften. Man sah nun, dass sie alle den Namen und also den Besitzer gewechselt hatten und erfuhr natürlich, dass es geschah, weil die alten Besitzer Juden waren. In der

Familie sprach man darüber. Wir erfuhren in diesem Zusammenhang von unseren Eltern auch, dass sie bei der Heirat ihre Schlafzimmermöbel in Konstanz in einem bestimmten jüdischen Möbelgeschäft gekauft hatten. Wie Mutter sagte, war es das einzige Geschäft, in dem sie auf Kredit kaufen konnten und das die Möbel ins Haus lieferte. Für Wäsche, Kleider, Schuhe und vieles andere gab es gar keinen Unterschied zwischen den Geschäften. Nun aber gab es nur noch sogenannte *„arische"*, d.h. nichtjüdische Geschäfte. Mutter erzählte aus demselben Anlass auch von ihrer Dienstmädchenzeit in einem jüdischen Haushalt in Freiburg, die für sie eine Befreiung war aus der familiären häuslichen Enge heraus. Es war also auch in Meersburg unvermeidbar, die nazistische Judenverfolgung zur Kenntnis zu nehmen, und für Kinder wurde daraus ein mehr oder weniger gelichtetes, aber dennoch reales Tabu.

Ähnlich verhält es sich in Bezug auf den Euthanasie-Erlass, den Hitler im September 1939 unterzeichnete und der dem Inhalt nach jedem Meersburger vorher schon bekannt war, denn seine menschenunwürdige Botschaft spielte bei der Ausquartierung der Taubstummenanstalt aus dem Neuen Schloss im Jahr 1937 bereits eine Rolle. Man sprach in Bezug auf das Neue Schloss noch lange weiter von der *„Taubstummenanstalt"* nicht etwa von der *„Bodenseeschule"*, die nun das Gebäude besetzte. Jedes Kind konnte die Eltern auf dem Schlossplatz etwa fragen: Was ist das eine Taubstummenanstalt und was ist mit diesen Leuten, den Taubstummen? Wo sind sie jetzt? Die Eltern mussten antworten.

Auch die Einführung der Pflicht zur Mitgliedschaft in der Hitlerjugend für alle 10- bis 18-jährigen, die Anfang des Jahres 1939 erfolgte, betraf fast jede Familie, instruiert oder nicht, der Erlass bestimmte ihren Alltag. Das kleinste Kind bekam das mit. Meine Eltern etwa weigerten sich, für meine beiden älteren Geschwister, die unmittelbar davon betroffen waren, eine Jungvolk-, bzw. eine BDM-Uniform zu kaufen und hielten beide davon ab, am Sonntagmorgen während der Gottesdienstzeit zum *„Dienst"* d.h. zu den Versammlungen der Hitlerjugend zu gehen. Auch ich als 7-jähriges Kind bekam mit: Der Ortspolizist Benz kam ins Haus, um die Eltern zu ermahnen und ihnen ihre Straffälligkeit klar zu machen. Und so kauften sie für Rudolf schließlich doch die Uniform stückweise, zuerst nur das braune Hemd, zuletzt aber auch den Brustriemen, den Knoten und den schwarzen Schlips. Jedes einzelne Teil war Gegenstand der Diskussion. Aber man begriff: Nur mit, konnte er den Schikanen bei jedem „Dienst" entgehen.

Es gab, namentlich in den späten Dreißigerjahren viele nazistische Veranstaltungen in der Stadt, an denen man sich beteiligen konnte oder auch nicht, doch die auf jeden Fall unübersehbar waren und atmosphärisch das Klima mitbestimmten. So gab es feierliche Besuche von hohen Nazifunktionären, denen man die Schönheiten der Stadt zeigen wollte. Die Innenstadt schmückte sich dafür mit Hakenkreuzfahnen, eine größer als die andere, und uniformierte sich damit und bezeugte ihre Ergebenheit.

Für Kinder besonders interessant war, dass bei vielen Besuchen auch die Trachten auftraten und zu sehen waren. Das waren Frauen, die man kannte, die Bärenwirtin etwa oder Anna, die ältere Tochter vom Metzger Rauber oder die Frau des Glaser-

meisters Mattes, sonst ganz gewöhnliche Bürgers-
frauen, doch als Trachten vor allem für ein Kind
unnahbare Wesen. Sie trugen goldene Radhauben,
bunt schimmernde Dirndlkostüme, Stöckelschuhe
und glitzernde Nipptäschchen. Ihre Kostümierung
war angeblich nur eine touristische Erfindung des
Bürgermeisters, und ihre Aufgabe die rein deko-
rative touristische Statistik. Doch sie machten bei
den feierlichen nazistischen Anlässen Werbung für
die Gäste. Sie sakralisierten gewissermaßen den
Empfang und gewannen damit auch selbst ein
erhöhtes Ansehen, das sie auch im Alltag politisch
markierte. Sie repräsentierten für Nichtnazis eine
Öffentlichkeit, vor der man sich in acht zu nehmen
hatte.

Für meine Eltern war die Arbeit und selbst die
Mitarbeit der Kinder in der Landwirtschaft eine
unumgängliche Notwendigkeit und ließ ganz abgesehen von ihrer Einstellung gar keinen Raum für
eine Beteiligung an den propagandistischen Ge-
schehnissen.

Wie eine Orgie wurde von der Stadtverwaltung der Anschluss Österreichs, der 1938 erfolgte, gefeiert. Bregenz wurde zur *„Schwesterstadt"* gewissermaßen erhoben. Es gab in der Folge einen pompösen Ortsbesuch der Stadtverwaltung in Bregenz, dem allerdings wohl kein entsprechender Gegenbesuch folgte. Und dieser Anschluss wurde nach offizieller Verlautbarung von der ganzen Bevölkerung politisch mitgetragen. Man nahm in Meersburg in der Tat wohl wie überall zuvor schon an der damit verbundenen Volksabstimmung teil, war Teil der 99 Prozent, die dafür waren, und man hatte natürlich auch die dabei verbreiteten Plakate gelesen: *„Ein Volk, ein Reich, ein Führer."*

Sensationell für alle war indes gewiss, dass man nach dem Anschluss ungehindert mit dem Schiff Bregenz besuchen und dann mit der Drahtseilbahn auf den Pfänder hochfahren konnte, ein wunderbares sonntägliches Ausflugsziel für die Touristen aber auch für alle Seeanwohner. Wie konnte man das nicht als Fortschritt verbuchen? Und es war nur logisch entsprechend die ganze hitlersche Politik als Erfolg zu begreifen. Das geschah in Meersburg tatsächlich. Meine Kusine Gertrud, die zehn Jahre älter war als ich, wollte mit mir unbedingt den Ausflug auf den Pfänder machen, und ich habe mich sehr darauf gefreut. Zu meinem größten Bedauern waren die Eltern dagegen.

Angesichts solcher euphorisch stimmender Ereignisse gab es wohl in Meersburg bei den meisten keine Wahrnehmung der Anfang 1939 längst im Gange befindlichen Kriegsvorbereitungen, und es erfolgte kein Protest dagegen. Vielleicht war man so etwa tatsächlich auch nicht im Bilde darüber, was die Eingliederung des Sudetenlandes für das Reich bedeutete, die auch in diesem Jahr geschah oder die Zerschlagung der Tschechoslowakei oder der Hitler-Stalinpakt. Man lebte, auch wenn man gegen das Regime war, halb blind am äußersten Rande des Reiches und am Rand der Geschichte und war so vielleicht weitgehend unfähig zu sehen, was politisch in Wirklichkeit ablief. Und ganz gewiss machte auch der nachhaltige Erfolg des Fremdenverkehrs die meisten Leute blind. So konnte man mit größter Sorglosigkeit Ende Juli wie schon öfters das Seenachtsfest feiern, als wäre es ein Friedensfest.

Für Kinder entstand in dieser Nazizeit gewiss der Eindruck, als lebten sie in einer heilen Welt. Kindliche Sorglosigkeit überdeckte die Ungereimtheiten der Wirklichkeit, die jedoch dennoch in den Erinnerungen unvermeidlich ihre Spuren hinterlassen hat, und die es wenigstens nachträglich zu erkennen gilt.

Nichts überhebt einen aber, auch dem spurlos gebliebenen örtlichen Geschehen nachzuspüren und so etwa in Bezug auf Meersburg nachträglich die Frage zu stellen: Warum erfuhr man hier in dieser Zeit, aber auch noch sehr lange viel später und noch nach dem Krieg nichts über Georg Elser und das Münchner Attentat auf Hitler am 9. November 1939? Welche Veränderung in der Weltgeschichte hätte es bedeutet, wenn das Attentat gelungen wäre und wie anders hätte sich die Geschichte Meersburgs danach dargestellt? Georg Elser war in Meersburg bekannt. Es gibt ein Foto von ihm aus dem Jahr 1929, wo er beim Bauer Herrmann Dreher im Stadtgraben als Drescher zu sehen ist. Die Söhne Drehers waren später meine Schulkameraden. Meine Tante wohnte nebenan in der Kunkelgasse, wo Elser als Schreiner tätig war und zeitweilig auch wohnte. Trotz dieser örtlichen und persönlichen Nähe keine durchgesickerten Informationen zu dieser Sache, auch noch nach dem Krieg nichts zu Elsers Tod in Dachau und lange nichts zu seiner Rehabilitation in Konstanz. Man nahm bis in die neueste Zeit in der Gemeinde bewusst oder unbewusst an der Verfemung Elsers teil. Ist es eine Banalität zu fragen, ob nicht in der Gemeinde ganz allgemein unangenehme nazistische Ortsgescheh-nisse möglichst unter den Teppich gekehrt wurden?

8. Der Kriegsbeginn

I. Einberufung des Vaters

Keinen Monat nach dem Sommernachtfest waren in Meersburg in der Nacht alle Straßenbeleuchtungen ausgeschaltet, und alle Fenster mussten unter Strafandrohung nachts verdunkelt werden. Der 2. Weltkrieg hatte begonnen. Polen war von den Deutschen angegriffen worden. England und Frankreich haben Deutschland darauf hin den Krieg erklärt. Polen ist in kürzester Zeit erobert worden. Die Kriegspropaganda und speziell die offizielle Lüge über den Kriegsanfang, nämlich dass Polen Deutschland angegriffen hätte, vereitelten in der Bevölkerung ein kritisches Nachdenken. Dennoch, jeder konnte sehen, dass plötzlich alles anders war als zuvor. Aus der Schweiz blinkten nachts die Lichter zwar nach wie vor friedlich über den See herüber. Doch sie war nun unzugängliches Ausland. Die Tante aus Luzern konnte uns nicht mehr besuchen und auch keine Geschenkpakete mehr schicken.

In der Familie erlebten wir den Kriegsanfang in einer sehr drastischen Weise. Schon am zweiten Kriegstag kam die Mutter früh morgens ins Zimmer gestürzt und weckte einen nach dem anderen mit dem Satz: *„Aufstehen! Vater muss in den Krieg!"* Im Nachthemd hieß sie uns ins Elternschlafzimmer kommen, um Abschied zu nehmen. Mitten in der Nacht war der Stadtpolizist gekommen, um Vater den Stellungsbefehl zu überbringen. Wir standen völlig überrascht da und beteten auf Geheiß der Mutter das Vaterunser und dass Vater kein Unheil zustoße und dass er bald wieder zurückkehren möge. Er gab jedem einen Kuss - es war überhaupt der erste, an den ich mich von ihm erinnern kann. Punkt 6.00 Uhr morgens, wurde er abgeholt. Zunächst kam er, wie wir erst später erfuhren, zur militärischen Ausbildung nur nach Überlingen. Wir konnten ihn einen Monat später dort noch einmal besuchen. Und wir sahen ihn erstmals in Uniform und wie er auf dem Exerzierplatz herumkommandiert wurde. Er beklagte sich, dass ein Feldwebel ihn immer wieder zurechtweise und ihm sogar Strafen androhe, weil er die rechte Hand nicht stramm genug anlegen konnte. Er erzählte, dass er das zu erklären versuchte, dass diese Hand durch die jahrelange Rebarbeit und vor allem durch das Rebenspritzen steif geworden war. Doch er war nur ein einfacher Soldat und fand kein Verständnis dafür.

Der Besuch in Überlingen war für uns Kinder trotz der fremdartigen militärischen Darbietungen ein idyllisches Erlebnis, denn wir gingen am Ende alle zusammen in den wunderbaren Rosengarten und besuchten die Kakteensammlung und bekamen schließlich in einem Gasthaus jeder eine Limonade.

II. Besatzer in Polen

Vater wurde Tage danach mit seiner Einheit nach Polen abkommandiert. Die angebliche Angreifer-macht Polen war da schon besiegt. Und er wurde nur noch als Besatzungssoldat eingesetzt. Die Ein-berufung war für ihn eine Zwangsrekrutierung im Dienste eines verachteten Regimes. Doch wir er-hielten Briefe und Postkarten von ihm aus Krakau und aus Kattowitz, als wäre er dort als Tourist. Es gab an Neujahr sogar einen Anruf aus Ratibor. Die

Ferne war so gar nicht so weit weg. Und manches, was er sah, gefiel ihm. Auch die Fotos, die er schickte, zeigten ein ganz erträgliches zivilisiertes Soldatenleben. Keine Beschwerden. Nichts von Gewalt. Zu Weihnachten kam sogar ein Päckchen von ihm. Für mich war ein geschnitztes Tannenbäumchen darin mit einem Marienbild aus Tschenstochau und ein Paar hohe Lederschuhe. Sie waren für mich viel zu groß. Ich musste sie trotzdem tragen, aber sie waren angenehmer als die Schuhe mit Holzsohlen, wie wir sie bald schon nach Kriegsbeginn zu Hause tragen mussten. Freilich vermisste er gerade an Weihnachten die Familie und wir ihn.

Zwischen den Eltern gab es in diesem ersten Kriegsjahr einen regen Briefwechsel. In den erhaltenen Briefen findet sich jedoch kein Wort über den Krieg und über die politische Situation weder in Bezug auf die Heimat, noch in Bezug auf das Feindesland. Dass Feldpostbriefe geöffnet und kontrolliert wurden, wusste man und man war deshalb vorsichtig. Vielleicht war diese Kontrolle und der mangelnde Enthusiasmus der Eltern für die politische Lage, den man dabei wohl konstatierte, auch der Grund dafür, dass weder Vater noch Mutter je irgendwelche offiziellen Grüße oder gar Päckchen aus der *„teilnahmsvollen Heimat"* erhielten, wovon in gewissen örtlichen Zeitdokumenten in Hinsicht auf die Frontsoldaten die Rede ist. Schon im Oktober 1939 klagt Mutter: *„An Unterstützung habe ich noch keinen Pfennig erhalten. Ist das nicht eine Schande mit 6 Kindern?"* Sonst berichtet sie nur über die viele Arbeit, die sie nun allein mit den Kindern und mit der Landwirtschaft zu bewältigen habe, und sie informiert Vater über die Päckchen, die sie ihm geschickt hat, mit Kuchen, Speck, Schmalz und speziell auch Wybert, damit er sich nicht erkälte. Aber ihre Briefe sind vor allem sehnsuchtsvolle Liebesbriefe. Tag und Nacht fühlt sie sich trotz der vielen Dinge, die zu tun sind, allein, und sie träumt von der baldigen Rückkehr ihres Mannes. In einem vier Seiten langen Brief vom Februar 1940 denkt sie dagegen über sich selbst nach und das schwierige Verhältnis zur Schwiegerfamilie, das ja letztlich auch der Hintergrund ihrer derzeitigen Lage war. Ihre Heirat war schließlich indirekt auch die Ursache ihrer derzeitigen Notlage. Sie war offenbar auch schon keine Glückserfüllung. Und sie meint dazu: Ich *„schaute mehr auf die innere Intelligenz als auf die äußere"* ; *„Damals wurde einem in der Religion doch manches in die Seele* *gesenkt, was heute nicht mehr so ist und unsere Aufgabe erschwert." ; „Wir sind aufgewachsen wie verscheuchtes Wild, immer in der Angst, wir könnten uns nicht zu freien Menschen heranbilden, weil wir die Freude, eine richtig wahre Freude, verbunden mit der Kirche, nicht kannten und uns so richtig arm fühlten."*

Konkreter hatte sie sich in Hinsicht auf die Kirche auch sonst schon ausgedrückt, wenn sie über ihren ehemaligen Religionslehrer, den langjährigen Stadt-pfarrer Martin sprach. Er muss ein katholischer Despot gewesen sein, den man jedoch dank seines Amtes uneingeschränkt zu respektieren hatte. Die Kirche demütigte die Gläubigen mit ihrer Moral. Und diese Demütigung diente gewiss nicht unwill-kommen auch der Politik, so unmoralisch diese auch war. Ein politisch offizielles Zeitzeugnis für eine derartig nazidienliche Kirchentreue ist nicht zuletzt die Politik zwischen Berlin und dem Vatikan in dieser Zeit.

Es gab in der Heimat schon bald nach Kriegsbeginn für Kleider und Schuhe Bezugsscheine und für Lebensmittel Lebensmittelkarten, wobei man je nach amtlich festgestellter Bedürftigkeit eingestuft wurde. Wir wurden durch die Behörde als Selbstversorger eingestuft. Das war nicht zuletzt im Vergleich mit meinen Freunden, die einer kinderreichen Arbeiterfamilie entstammten, eine beträchtliche Minderbewertung, die durch die eigene Landwirtschaft nur teilweise ausgeglichen wurde. Sie konnten sich Dinge leisten, die für uns nicht in Betracht kamen wie etwa Puddingpulver, Kernseife oder Kandiszucker und Kleidungsstücke wie Polo-Hemdchen und Lederhalbschuhe. An Weihnachten bekamen sie zudem ein Weihnachtspaket, wir dagegen offiziell nichts. Es war richtig, dass Mutter das Mutterkreuz, das sie als Orden für ihren Kinderreichtum erhielt, in der Ramschschublade verrosten ließ. Ich war in dieser Zeit einmal mit ihr in Konstanz. Wir gingen zum Mittagessen ins Restaurant Engstler. Doch wir konnten mit unseren Lebensmittelmarken nur die uns zustehenden beiden Monatsportionen bekommen. Und das waren an diesem Tag zwei Bodenkohlrabi, ohne Fett und nur in Wasser gekocht. Zu Hause war das Schweinefutter.

Obwohl wir für unsere Bezugsscheine und Bezugsmarken fast nichts bekamen, mussten wir jeden Monat im Amt, das es dafür gab, unsere Marken und Bezugsscheine abholen. Das Amt war, ohne dass man das durchschaute, die absolut zuverlässig funktionierende Stelle für die regelmäßige zivile Personenkontrolle. Die Angestellten dieser Behörde waren keine Vertrauenspersonen, sondern Kontrolleure, die für uns in der fühlbarsten Weise das Regime repräsentierten. Sie hatten unklar durchschaubare Befugnisse. Jeder Einspruch war ein Risiko und konnte Folgen haben, die man nicht voraussah. Datenschutz gab es nicht. Erstaunlich blieb für mich, dass einer der letzten Leiter der Behörde, der allerdings als menschlicher eingeschätzt wurde, als andere, Hans Netscher, der dritte Nachkriegsbürgermeister der Stadt wurde.

Bereits nach einem Jahr Poleneinsatz wurde Vater als Haupt einer kinderreichen Familie und weil unabkömmlich in Landwirtschaft und Reben vom Kriegsdienst freigestellt und kam wieder nach Hause. Seine Freistellung war jedoch die ganze Kriegszeit über ungesichert und musste immer wieder neu beantragt werden. Von seinen beiden

Meersburger Kollegen, die mit ihm in Polen in derselben Einheit waren, wurde er dafür beneidet. Wahrscheinlich fand er, abgesehen von seiner persönlichen Situation eine zusätzliche Unterstützung bei seinem nebenberuflichen Arbeitgeber, dem Markgrafen Berthold von Baden, dessen Rebgut in Meersburg durch Vaters Einberufung ohne Leitung war. Positiv sprach für ihn   vielleicht auch, dass er sich in Meersburg aktiv als Feuerwehrhauptmann engagierte. Er war mit seinen Leuten immer wieder bei den Bombardierungen in Friedrichshafen gefahrvoll im Einsatz, wofür er sogar einen Orden bekam.

Von Polen erzählte er zwar nach seiner Rückkehr immer wieder. Ein Satz, den er öfters wiederholte, war, dass die Leute in diesem Land nicht viel anders wären als die Deutschen und dass sie eigentlich nur im Frieden leben wollten. Unvergesslich ist für mich, dass er erzählte, wie er auch in Polen in die Kirche und zur Beichte ging und dabei einmal vom polnischen Beichtvater gerügt wurde, als er bekannte, beim Geschlechtsverkehr mit seiner Frau zu verhüten. Mit 6 Kindern und nun im Krieg und der Frau allein zu Hause? Da war es für ihn doch unvorstellbar, noch ein weiteres Kind zu zeugen. Die

Antwort: Als Katholik habe er kein Recht zu verhüten. Jedes Kind sei ein Geschenk Gottes.

Er hat nur Westpolen kennen gelernt und nichts gesehen von den Gräueltaten der Wehrmacht etwa in Warschau und wunderte sich darüber, als er später davon hörte. Als er heimgekehrt war, beschäftigte er sowohl im eigenen Haus als im markgräflichen Rebgut polnische Zwangsarbeiter. Sie waren für ihn Mitarbeiter wie alle anderen und waren im familiären Alltag weitgehend integriert. Bei jeder Mahlzeit haben die Eltern, wie sie es selbst nannten, *„politisiert"*. Doch was in dieser Zeit die große Politik war, das Kriegsgeschehen und die nazistischen Agitationen, darüber wurde gerade nicht geredet. So konnten sie nicht nur in Gegenwart der Kinder *„politisieren"*, sondern auch mit Felix am Tisch, unserem polnischen Zwangs- arbeiter, der eine sehr freundliche Person, aber doch ganz und gar Pole war. Mich hat er immer wieder damit hochgezogen, dass er sagte: *„Bernhard-extragosch"*. Ich hörte das nicht gerne, denn er kommentierte damit bei den Eltern meine Extravaganzen, aber er warb damit zugleich um Verständnis für mich. Wir mochten ihn ja übrigens alle und waren sehr enttäuscht, als völlig überraschend eines Tages der Ortsgendarm Reissmüller vor der Türe stand, um ihn von der Arbeit weg abzuholen. Auch die Eltern erfuhren nicht, warum und mit welchem Ziel.

Aus heutiger Sicht ist Vater freilich vorzuwerfen, dass er nach seiner Rückkehr, aber dann vor allem auch in der Nachkriegszeit, wo man sich über das Kriegsgeschehen ausführlich informieren konnte, der deutschen Polenpolitik nicht weiter kritisch nachgegangen ist und dass er, soweit ich mich daran erinnern kann, selbst keine nachträgliche Empörung gezeigt hat, als 1945 in den *„Nürnberger Prozessen"* Hans Frank, der Nazi-Statthalter Polens auf der Anklagebank saß, der als *„Schlächter Polens"* bezeichnet und schließlich hingerichtet wurde. Der Mann war ja in Polen sein Vorgesetzter gewesen.

9. Todesfall: 22. Oktober 1941

I. Der Unfall

Es war ein grauer Herbsttag. Meine Eltern, meine Brüder Rudolf, Siegfried und ich waren mit dem Kuhfuhrwerk - Zwei Kühen und dem Futterwagen - zunächst im Schellenberg gewesen, einem Obstgarten am See an der Uhldingerstraße und machten dann gegen Abend auf dem Rückweg am Gaisbichel halt, einem Obst- und Rebgrundstück, das, nicht weit vom Fährehafen entfernt, unmittelbar am Weg lag. Es war durch einen Zaun und einen Grünstreifen von der Straße getrennt. Auf dem Grünstreifen hatte Vater das Fuhrwerk geparkt. Auf der anderen Seite der Straße gab es eine kleine Badewiese, von der aus man hinuntersteigen konnte zum Kiesstrand und zum Wasser. Viele Male waren wir schon an diesem Ort gewesen, und wir Kinder hatten uns oft vor der Arbeit in den Reben gedrückt, indem wir vorgaben, scheißen zu müssen, wozu wir ganz selbstverständlich an den Strand unterhalb der

Badewiese gingen, wo uns hinter dem Gebüsch keiner sah. Sehr oft mussten wir gar nicht scheißen, sondern setzten uns einfach an den Strand und warfen Steine ins Wasser und beobachteten die Wellen, bis die Mutter oder der Vater dann laut riefen: *„He, Bernhard, Siegfried, wo bleibt ihr denn?"*

An diesem Abend hatte man mir aufgetragen, zu den Kühen am Straßenrand zu stehen und auf sie aufzupassen. Sie waren zwar sehr zahm und gehorsam, konnten aber durch ein vorbeifahrendes Auto erschreckt werden oder aufgrund einer Zicke plötzlich weglaufen. Ich gehorchte den Eltern und blieb mit Siegfried, der 2 Jahre jünger war als ich, zunächst bei den Kühen. Doch nichts langweiliger als das. Sie blieben ja ruhig und waren mit dem schleimigen Wiederkäuen ihres Futters beschäftigt, das sie den ganzen Nachmittag gefressen hatten. Kurze Zeit konnten wir uns doch wohl entfernen! Und ich brachte Siegfried dazu, mit mir hinunter an den Strand zu gehen. Wir warfen Steine ins Wasser wie schon oft, und wir kümmerten uns nicht mehr um die Kühe. Aber er, der ja immer, obwohl erst 7 Jahre alt, sehr folgsam und auch arbeitswilliger war als ich, erinnerte sich: *„Die Kühe! Wir müssen zu den Kühen!"* Ich sagte: *„Gut! Aber geh du erst einmal hinauf. Ich komme nach."* Und er ging hinauf zu den Kühen, während ich noch weiter am Wasser blieb, mit Kieselsteinen herumspielte und dachte, dass man mich sicher rufen würde, wenn die Heimfahrt endlich fortgesetzt wird.

Als weiter nichts geschah und mir die Zeit schließlich lang wurde, ging auch ich hinauf auf die Straße. Ich sah das Kuhfuhrwerk unverändert am Straßenrand stehen. Aber etwas weiter stand ein schwarzes Auto. Meine Mutter war im Begriff einzusteigen, und sie nahm Siegfried, der regungslos auf dem Boden gelegen hatte, in die Arme und im Auto auf ihren Schoß. Das Auto fuhr ab *„zum Krankenhaus"*, wie Vater sagte. *„Siegfried ist überfahren worden"*, erklärte er, *„wir waren noch oben auf dem Grundstück..."* Die Frau, die mit im Auto war, sei gekommen, sie zu holen. *„Er war bewusstlos, als wir zu ihm kamen, lag bewegungslos und mit geschlossenen Augen am Straßenrand. Nur am Kopf hatte er ein wenig Blut"*. Der Autofahrer habe gesagt, der Bub sei ins Auto gelaufen.

Wortlos machten der Vater und mein älterer Bruder das Fuhrwerk fertig. Und ohne einen weiteren Kommentar fuhren wir nach Hause. Die ganze lange Fahrt die Straße hinauf quälte mich mein schlechtes Gewissen: *„Ich... ich habe Siegfried zurück zu den Kühen geschickt."* Gutmütig und bereitwillig wie ja immer... folgte er. *„Ich bin schuld am Unglück"*, bohrte es in mir. Als wir zu Hause ankamen, war die Mutter schon aus dem Krankenhaus zurück. *„Schlimm! Ganz schlimm!"* sagte sie, *„doppelter Schädelbruch, schwere Gehirnerschütterung! Er ist noch nicht wieder aufgewacht."* Vater machte sich sogleich auf, um ins Krankenhaus zu gehen und wollte am Krankenbett wachen. Erst am nächsten Morgen kam er zurück mit Siegfried, nur In ein Leintuch gewickelt und tot, brachte er ihn nach Hause. Er ist aus dem Koma nicht mehr aufgewacht und im Beisein des Vaters gestorben. Zu Hause wurde er im Elternschlafzimmer im Elternbett niedergelegt und aufgebahrt, wie man sagt. Gleich schon war das Bett und war sein Leichnam mit Blumen bedeckt: Nelken, Rosen, Gladiolen. Man konnte ins Zimmer gehen, ihn sehen, wie er mit geschlossenen Augen dalag, als würde er in dieser seltsamen Aufmachung nur schlafen.

Am nächsten Tag kamen die Verwandten und die Nachbarn, um ihm das Weihwasser zu geben. Schließlich fand sich auch seine Schulklasse ein mit dem Klassenlehrer. Alle schienen von seinem Tod tief betroffen. Es gab eine große kirchliche Beerdigung, an der ebenfalls seine Mitschüler teilnahmen und auch der Schulleiter. Er hielt eine Ansprache: Worte, nur leere Worte. Wir, die Geschwister, ganz besonders aber die Eltern waren durch den Tod erschüttert. Täglich ging danach Mutter an Siegfrieds Grab, manchmal mehrfach.

II. Trauerarbeit

Nach einiger Zeit gab es auf dem Polizeibüro eine Vernehmung mit dem Verursacher des Unfalls und unserem Vater. Schließlich war Siegfried auf einer völlig übersichtlichen Straße ohne sonstigen Verkehr und noch bei vollem Tageslicht überfahren worden. Es hatte die ganze Zeit über kein anderes Fahrzeug und keine anderen Menschen auf der Straße gegeben. Unaufmerksamkeit war das mindeste, was dem Fahrer vorzuwerfen war. Doch wichtig war nun anscheinend allein, dass es keine Unfallzeugen gab außer dem Fahrer und der Frau in seiner Begleitung. Beide wiederholten nur, nach dem, was Vater auch nach einer weiteren Vernehmung auf der Polizeistelle berichtete, um die er gebeten hatte, Siegfried sei unversehens vom Straßenrand her ins Auto gelaufen. Kein Gegenbeweis! Also war das die Gerechtigkeit, mit der man sich abzufinden hatte. Für die Behörde war das so schlüssig, dass eine richterliche Untersuchung des Vorfalls gar nicht ins Auge gefasst wurde.

Die Trauer der Eltern kam über den Tod des geliebten und immer so musterhaften Kindes nicht hinweg. Sie waren von seiner Unschuld und Umsicht voll überzeugt. Ihre Zweifel über den Unfallvorgang blieben. Waren nicht die Unaufmerksamkeit des Autofahrers und seine Nachlässigkeit ebenso plausibel? Konnte nicht vielleicht auch die Frau neben dem Fahrer ihn abgelenkt haben? Wer waren der Autofahrer und die Frau? Das blieb noch lange nach dem Unfall eine täglich gestellte Frage. Es war das dritte Kriegsjahr. Männer, die zu dieser Zeit nicht im Krieg waren, hatten vielleicht eine besondere politische Position. Private Autobesitzer gab es ja gar nicht mehr. Alle Privatautos waren kriegsbedingt eingezogen worden. Wer war also der Fahrer des Unglücksautos? Eine weitere Aufklärung fand jedenfalls nicht statt. Einen Anwalt dafür zu suchen und zu finden und zu bezahlen, das lag wohl außerhalb des möglichen Handlungsraums der Eltern. Tragisch musste etwas Unannehmbares unaufgeklärt und schicksalhaft hingenommen werden. Das war nicht nur für die Eltern tiefstes Leid, sondern für die ganze Familie eine Zäsur. Auch 1 Jahr später, als die jüngste Schwester auf die Welt kam, war sie nicht geschlossen.

Und auch mein eigenes schlechtes Gewissen wurde ich nicht los, bis ich an einem Abend, als mich Mutter zu Bett brachte, ihr die Frage stellte: *„Bin ich am Tod von Siegfried schuldig?"* „Nein", sagte sie. *„Nein, auf keinen Fall"*, das dürfe ich nicht denken. Sie nahm mich in die Arme: *„Keinesfalls! Es war letztlich Gottes Wille! Wer weiß?"*

10. Freizeitepisode

An an einem Sommertag mitten im Krieg beauf-
tragten mich die Eltern, mit dem Wägele und einigen Eimern am See Kies zu holen, um den Hof hinter
dem Haus trocken zu legen. Dort gab es ein ständiges Problem: Die Abwassergrube hinter dem Küchenfenster lief immer wieder über. Wir waren ja
eine große Familie mit 6 Kindern und hatten so
einen erheblichen Wasserverbrauch. Vater entleerte
die Grube regelmäßig. Doch er kam mit dem Aus-
fahren der Gülle auf die Wiesen nie nach. Musste
man hinter dem Küchenfenster über den Hof gehen,
so bekam man dreckige Schuhe. Auch für uns Kinder
war das ein täglicher Ärger.

Wir lebten trotz Krieg im Alltag ein normales bäuer-
liches Leben mit ganz profanen bäuerlichen Wider-
lichkeiten, die uns zumindest äußerlich mehr be-
schäftigten als etwa die großen Fragen der Politik.
Grundsätzlich war unser kindliches Leben uner-
bittlich immer gleich geregelt - morgens Schule, mit-

tags auf dem Feld oder in den Reben: hacken, Unkraut jäten, scheren. Abwechselnd mussten wir die Kühe hüten. Abends waren wir immer todmüde, mussten aber noch die Hausaufgaben machen. Und in der Schule am nächsten Morgen waren wir nicht genug ausgeruht und unzureichend vorbereitet.

An diesem Sommertag also sollte ich mit meinem 7 Jahre jüngeren Bruder Albert Kies holen gehen für hinter das Haus. Ohne die Aufsicht der Eltern zum See gehen und Kies holen war wie eine Freizeitbeschäftigung. Man konnte dabei trödeln und tun, wie man wollte. Lediglich vor Abend mussten wir mit dem Kies zurück sein. Ich nahm also mit Albert das Wägele, einige Eimer für den Kies, und wir fuhren los zum See. Albert musste mitkommen, um bei der Rückkehr vom See den Berg hinauf helfen, die Kieslast zu schieben. Doch zunächst ging es zum See fast eine halbe Stunde bergab, und er durfte auf dem Wägele aufsitzen. Er freute sich. Wir sollten unseren Kies an der Uhldinger Straße beim Gaisbichel holen, wo es unterhalb der Badewiese einen breiten Kiesstrand gab. Wir waren schon oft dort, nebenan zur Arbeit in den Reben. Wir kannten uns aus. Wir kamen an, ließen das Wägele mit den

Eimern auf der kleinen Wiese stehen und stiegen hinunter zum Wasser, wo es für uns wirklich Interessanteres zu tun gab, als Kies zu schöpfen und nach oben zu schleppen: etwa flache Steine suchen und mit ihnen plätteln. Manche Steine hüpften, wenn ich sie richtig warf, bis zu zehnmal. Immer war es auch aufregend, Treibgut zu suchen, das die Wellen angeschwemmt hatten. Meist waren es nur Holzstücke, aber manchmal Teile vielleicht von weit her, von über der Grenze zur Schweiz, die es ja im Wasser gar nicht gab. Sachen, die wir gar nicht kannten. Ich entdeckte an diesem Tag eine Ölsardinenbüchse, d.h. eine halb geöffnete ovale Büchse, beschriftet: *„Sardines"*. Was war das, *„Sardines"*? - Nie gehört.

Die interessanteste Tätigkeit war, am Wasserrand einen Hafen zu bauen. Das wollte ich an diesem Tag, und ich schickte mich an, eine Mulde auszuschachten, in die dann die Wellen kleine Fische hereinschwemmen sollten. Ich hatte dazu von zu Hause extra ein großes Taschentuch mitgenommen, mit dem ich sie einfangen wollte. Doch kaum dass ich den Hafen gebaut und mit größeren Steinen befestigt hatte, kamen von der Fähre, die nicht weit weg regelmäßig verkehrte, Wellen und zerstörten mein Werk. Auch schon die kleinen Wellen, die fortwährend dem Ufer entlang kräuseln, waren ärgerlich. Doch gegen die großen Wellen von der Fähre kam ich mit meinem Bauwerk nicht an. Es war für mich alles nur ein Spiel, aber eigentlich symbolisch ein sehr tiefsinniger Vorgang. Es war ein Spiel am Gewässer aber zugleich ein Spiel der Natur mit mir und meinem ja völlig unnützen Tun, ein Spiel mit meinem Spiel, das unendlich dauern konnte und wo ich unendlich der Spielverlierer war.

Ich versuchte mich nun wieder und hob die Mulde erneut aus, um sie dann stärker zu befestigen. Doch da rief mich Albert. Er schrie. Er hatte, ein Stück von mir entfernt, sein eigenes Abenteuer gesucht und war in eine Scherbe getreten. Ich lief zu ihm hin. Er saß auf dem Boden und hielt seinen rechten Fuß in die Höhe. Der war von Blut voll verschmiert. An der Fußsohle hatte er eine lange blutende Wunde. Ich suchte, mit meinem Taschentuch den Fuß zu verbinden. Doch es blutete weiter. Was tun? Weit und breit war kein Mensch, und auch auf der Straße gab es überhaupt keinen Verkehr. Schnell zum Doktor! Albert heulte. Ich nahm ihn auf den Rücken und trug ihn zum Wägele, räumte die Kieseimer herunter und setzte ihn auf die Wagenbrücke. Den verletzten Fuß sollte er in die Höhe halten. Wir mussten zum Doktor bis in die Oberstadt. Ich lief mit dem Wagen los, den See entlang, dann mit großer Mühe die Neue Straße hinauf, an der Kirche vorbei bis in den Sentenhart zum Doktor Müller. Es war schon spät am Nachmittag. Die Sprechstunde war vorbei. Ich läutete. Zum Glück war der Doktor da. Er kam, trug Albert ins Behandlungszimmer und legte ihn auf den Operationstisch. Ich erklärte, was geschehen war. Die Wunde musste genäht werden. Der Doktor bestrich das Bein mit Jod. Ich sah das und roch das Jod, sah die offene Wunde und fiel in Ohnmacht.

Erst nach Alberts Behandlung wachte ich auf dem Sofa im Wartezimmer wieder auf. Er saß nun mit verbundenem Fuß neben mir, blätterte gelassen in einer Zeitschrift und wartete auf mich. Schließlich kam der Doktor und schickte uns nach Hause. In zwei Tagen solle der Patient mit der Mutter wiederkommen. Er setzte ihn vor der Eingangstür ins Wägele. Und ich zog ihn anstelle der Kieslast die Friedhofstraße hinauf nach Hause. Die Mutter erschrak, als wir ankamen und als sie hörte, was geschehen war. Sie schimpfte mich aus, nicht dass wir keinen Kies mitbrachten, sondern dass ich den Bruder am Strand allein gelassen hatte. Sie trug ihn ins Haus und steckte ihn ins Bett. Mit ihm hatte sie Mitleid. Ich, meinte sie, hätte aber eigentlich eine Strafe verdient.

11. Wir haben ein Radio

I. Die Installation

An einem regnerischen und deshalb müßiggän-gerischen und sehr langweiligen Werktag im Som-mer 1942 kam Vater um die Mittagszeit aus der Stadt zurück und schleppte auf dem Buckel einen riesigen Karton in die Stube: *„Wir haben ein Radio"*, sagte er und stellte den Karton ab auf den Stubentisch und überraschte damit vor allem Marianne und mich. Ein Radio-sensationell!

Tante Rese, die in der Stadt in der Kunkelgasse wohnte, hatte schon lange ein Radio. Aber das war nur ein kleiner brauner Kasten aus Kunststoff mit einem tuchverhüllten runden Lautsprecher in der Mitte und drei Drehknöpfen, einen für An und Aus, einen für Laut und Leise und einen für die Ein-stellung des Senders, wobei man aber immer nur den Deutschlandsender bekam. Dieses Radio war ein „*Volksempfänger*", wie auch andere Leute einen hatten, um aus ihm täglich das Neueste zu erfahren, allerdings nur aus dem Reich und so, wie es von reichswegen dargeboten wurde. Schon einige Male hatte ich bei der Tante an diesem Radio Hitler gehört. Er schrie auf einem anscheinend riesigen Platz vor einer immer wieder dazwischen „*heil, heil*" johlenden Menge. Was er sagte, verstand ich nicht, war aber offenbar der johlenden Menge im Einzelnen auch nicht wichtig. Auch Goebbels habe ich da schon gehört. Auch er schrie, und er sprach penetrant immer und immer wieder nur vom Führer und vom deutschen Volk. Wie oft sollte man das denn hören? Und hatte man eigentlich etwas damit zu tun? Zu Hause haben die Eltern ja bei jedem Mittagessen politisiert. Aber meist nur über örtliche Dinge und kaum über den Krieg. Sowohl Hitler als auch Goebbels waren kein Thema. Wir hatten im Übrigen auch kein Hitlerfoto wie andere Leute und nur eine ganz mickrige Hakenkreuzfahne. Man musste sich schämen, sie etwa am 1. Mai oder an Hitlers Geburtstag, wo die Beflaggung Pflicht war, aus dem Fenster zu hängen. Die alte schwarzweißrote Fahne, die eingerollt und verstaubt auf dem Speicher lag, wäre präsentabler gewesen. Doch sie war verboten.

Bei der Tante war man in Bezug auf Hitler und all die Dinge, die mit ihm zusammenhingen, positiver eingestellt. Was sie in Wirklichkeit dachte, wusste man nicht. Man hat so auch nie wirklich Klarheit darüber gewonnen, ob sich ihr Sohn freiwillig zur SS gemeldet hat, oder ob er nur gezwungenermaßen dazu kam, wie sie später behauptete, als er beim Kampf um Breslau verschollen war und keine Nachricht mehr von ihm kam, auch keine Todesmeldung.

Nun sollten wir also selbst auch ein Radio haben, aber nicht nur einen Volksempfänger, sondern ein richtiges Radio. *„Der Radio"*, sagte man übrigens, als handle es sich um eine Person. Vater packte *„ihn"* auf dem Stubentisch aus. Es war ein riesig großer Kasten, wunderbar, Nussbaum poliert. *„Ein MINERVA"*, sagte Vater voller Stolz, *„ein Weltempfänger!"*. Es gab eine Senderskala mit den Namen aller großen Städte: München, Berlin, Wien, Köln, Leipzig, aber auch London, Rom, Paris, Stockholm und Namen wie Beromünster und BBC, von denen wir keine Vorstellung hatten. Das Gerät hatte Skalen für: Mittelwelle, Langwelle und Kurzwelle, hatte rechts und links je einen Doppeldrehknopf für die verschiedensten Einstellungen. Das alles und die ganze Technik, die mit dem Gerät verbunden war, musste uns am nächsten Tag der Elektriker erst erklären. Und er musste das Gerät erst einmal installieren. Nur mit dem Stecker in der Steckdose leuchteten die Senderskalen zwar auf und auch ganz schwach das geheimnisvolle grüne Magnetauge auf der Seite. Aber man hatte keinen Empfang.

Für die ganze Familie war die erste Frage: Wo überhaupt das Gerät aufstellen? Vater meinte, es sei kein Spielzeug für Kinder. Und er wuchtete es oben auf das Stubenbüffet. Ich brauchte einen Stuhl, um problemlos die Drehknöpfe zu erreichen. Deshalb war ich keineswegs mit dieser Aufstellung einverstanden. Doch es blieb dabei. Am nächsten Tag kam der Elektriker. Als erstes brachte er ein rotes Verbotsschild am Gerät an gegen das Abhören ausländischer Sender. Er las es vor der ganzen Familie laut vor:

„Das Abhören ausländischer Sender ist ein Verbrechen gegen die nationale Sicherheit unseres Volkes und wird auf Befehl des Führers mit schwerer Zuchthausstrafe geahndet." „Das ist ernst zu nehmen", meinte der Elektriker. „Halten sie sich unbedingt daran!" Dann installierte er die Erdung.

Welch ein Umstand! Vom Radiogerät aus ein hässlicher Elektrodraht durch das Stubenfenster bis zur Wasserleitung im Keller. Doch noch aufwendiger war die Errichtung der Antenne: ein langer Draht an der Wand entlang und dann durch das Seitenfenster der Stube hinaus in den Garten zu einer Stange, der Antennenstange, die Vater vorbereitet und aufgestellt hatte. Jeder konnte da sehen, dass wir nun einen Radio haben. Ich konnte nicht glauben, dass die Radiowellen aus der ganzen Welt überall herumschwirrten und nur durch einen Draht und unser Gerät aufgefangen werden mussten, um Nachrichten aus der ganzen Welt aufzufangen. Nach stundenlanger Arbeit des Elektrikers funktionierte es. Probeweise stellte er das Gerät an, es funktionierte: Musik und Nachrichten auf Deutsch und auch auf Englisch von mehreren Sendern. Von überall ein tadelloser Empfang. *„Also keine Auslandssender einstellen!"* wiederholte der Elektriker und verabschiedete sich.

II. Der Weltempfänger

Wir hörten in den nachfolgenden Tagen Radio, so oft wir nur konnten. Doch es gab Einschränkungen: die Hausaufgaben, die Mithilfe bei der Arbeit im Haus und auf dem Feld, Essenszeit, Schlafenszeit. Am meisten störte jedoch, dass wir keine ausländischen Sender hören durften. Selbstverständlich hielten wir uns an das Verbot, auch wenn wir nicht einsehen konnten, weshalb wir einen Weltempfänger hatten und doch immer nur deutsche Sender, eigentlich immer nur den Deutschlandsender hören durften. Aber auch da gab es spannende Sendungen. Als im Januar 1943 der Endkampf der deutschen Truppen um Stalingrad tobte, saßen Marianne und ich den ganzen Nachmittag am Gerät. Eine Direktsendung aus Stalingrad hieß es, Frontmeldungen. Der Kessel um die deutsche Armee hatte sich geschlossen. Doch es gab Abwehrerfolge, so hieß es, und die Hoffnung, dass der Zirkel, der die deutschen Truppen einschloss, gesprengt werden konnte. Einsatz der Deutschen bis aufs Letzte. Unerhörte Tapferkeit, Opferbereitschaft, Ausdauer, Härte der Soldaten gegenüber einem äußerst brutalen und bestialisch rücksichtslosen Feind. Eine aggressiv unendlich wiederholte aber dennoch spannende Propaganda. Das ganze Volk wurde aufgerufen, ebenso durchzuhalten wie die Soldaten. Das große Ziel: der Endsieg. Von der in Wirklichkeit aussichtslosen, total verzweifelten Lage und dem Elend der eingekesselten deutschen Soldaten, von ihren Erfrierungen, ihrem Hunger, ihrem Verbluten, wenn sie verwundet waren, und den vielen Toten erfuhr man nichts. Die Kapitulation der 6. Armee war dann freilich irgendwann eine nicht mehr zu leugnende Schmach. General Paulus, der die Kapitulation unterzeichnet hat, galt plötzlich als ein Verräter.

Als nach der Besetzung von Meersburg durch die Franzosen im April 1945 die Radlogeräte eingezogen wurden, erfuhren wir von Vater, dass er nachts regelmäßig die Nachrichten von Radio Beromünster gehört hatte und so eigentlich dank dem Weltempfänger Minerva immer über die wahre Situation informiert war. Vater also die ganze Zeit über ein regelmäßiger *„Schwarzhörer"*! Nach dem roten Warnzettel am Einschaltknopf war er also bis zum Kriegsende ein *„Verbrecher"*. Was, wenn es auch nur einen irgendwo geäußerten Verdacht in dieser

Richtung gegeben hätte oder gar ein absichtlich gestreutes Gerücht? Ein unschuldiges Verplappern von uns Kindern? Wir waren nachträglich potentielle Denunzianten. Natürlich war es richtig gewesen, das Gerät kaum zugänglich auf dem Stubenbüffet zu platzieren.

12. Ministrant sein

I. Messdienst

Meine Eltern waren dagegen, dass ich Ministrant wurde. Doch meine beiden besten Freunde waren es schon und zogen mich am 6. Januar 1940 mit in die Sakristei und präsentierten mich dort dem Mesner als ein Neuer. Er war damit einverstanden, dass auch ich Ministrant wurde. Und auch der Kaplan stimmte zu. Beide kannten meine Familie und wussten, dass die Eltern gute, sehr kirchentreue Katholiken waren. Am selben Tag schon durfte ich beim Gottesdienst in der Ministrantenbank Platz nehmen und aus der Nähe beobachten, was die Freunde am Altar zu tun hatten.

Die Ministranten, das war eine Gruppe von etwa 15 Jungens im Alter von 8 bis 14 Jahren. Es gab einen Oberministranten, einen Unter-Oberministranten und die anderen. Jeder hatte seinen Rang, je nach Alter und Eintrittsdatum und wurde diesem Rang gemäß zum Ministrieren eingesetzt. Nichts Besonderes war es, so mag es scheinen, Ministrant zu werden. Dennoch hatte es das in meiner Familie noch nie gegeben. Und es waren allgemein in jedem

Jahrgang immer nur sehr wenige, die sich dafür entschieden. Ministrant sein war ein Dienst, der mit Verpflichtungen verbunden war, die nicht jeder auf sich nehmen wollte. Man musste bereit sein, regelmäßig und pünktlich an recht vielen gottesdienstlichen Veranstaltungen teilzunehmen und würdevoll dabei mitzuwirken, wie es jeweils ausdrücklich für alle Formen des Gottesdienstes vorgeschrieben ist. Und man musste, was einem da abverlangt wurde, erlernen, einschließlich einer Reihe lateinischer Responsorien. Vor allem Letzteres war eine große Hürde. Gleich zu Beginn der Messe, beim Stufengebet, gibt es, wenn man keine Ahnung von Latein und überhaupt von einer Fremdsprache hat, schwierige Texte. Der Priester sagt: *„Introibo ad altare Dei."* - *Ich trete zum Altar Gottes.* Der Messdiener hat die schwierige Ergänzung zu sagen: *„Ad Deum qui laetificat juventutem meam."* - *Zu Gott, der mich erfreut von Jugend auf.* Was soll das überhaupt heißen? Es bedurfte einer Reihe von Ministrantenproben im Pfarrhaus beim Kaplan, um diesen Text und ebenso die anderen Responsorien fehlerfrei auswendig und an der richtigen Stelle sagen zu lernen und um die zu sprechenden Worte auch ein bisschen zu verstehen. Erst nach einer ganzen Reihe von Vorbereitungsstunden wurde man fürs Ministrieren bei der Messe eingeteilt.

Im Grunde war jedoch der perfekte Dienst am Altar, und das war vor allem der Dienst bei der Messe, erst möglich, wenn man auch den Aufbau und die verschiedenen Teile der Messe verstand und die priesterliche Handlung einigermaßen mitvollziehen konnte. Da ist zuerst der Lehrgottesdienst mit Epistel und Evangelium, wo der Ministrant wie ein Bibliothekar dem Priester das Missale, d.h. das große, amtliche Messbuch auf die Evangelienseite des Altars nachträgt. Logisch folgt darauf das *Credo - ich glaube...* - das er mitbeten sollte, bevor dann mit der Opfervorbereitung die Opfermesse beginnt, wo der Ministrant für den Priester gewissermaßen zum Kellner wird und ihm den Wein und das Wasser reicht. Schließlich soll er bei der Wandlung, dem Höhepunkt des rituellen Mysteriums - Brot wird zum Leib Christi, Wein zum Blut Christi - in sich versunken hinter dem Priester niederknien und für die Gläubigen das Ereignis durch Bimmeln mit der Schelle markieren. Am Ende muss er dann bei der Kommunion den Priester bei der Austeilung des verwandelten Brotes an die Gläubigen begleiten. Indem sich der Ministrant auf diesen Aufbau und den Vollzug der Messe wirklich einlässt, wird er im eigentlichen Sinn zum *„Messdiener"*, was ja sein deutscher Titel für *„Ministrant"* ist.

Die Ministrantenproben und die ersten Wochen des Erlernens des Ministrantendienstes waren in Wirklichkeit eine Initiation in das Mysterium der Messe, wofür nicht nur ein bestimmter zeitlicher Aufwand gefordert wurde. Vielmehr erfuhr dabei die ganze Persönlichkeit eine gewisse freilich sehr einseitige spirituelle Ausbildung. Der Ministrant benötigt sie bei der Messe in verschiedener Hinsicht: Es gibt für ihn einmal die Beteiligung an der Ausführung der rituellen Handlung am Altar, zum andern vertritt er beim Ministrieren mit dem, was er zu sagen hat, an vielen Stellen die Gemeinde und spricht für sie. Der Priester sagt: *„Dominus vobiscum." - Der Herr sei mit Euch.* Der Ministrant antwortet anstelle der Gläubigen: *„Et cum spiritu tuo." - Und mit deinem Geiste.* Nicht zuletzt exponiert er sich bei dieser rituell geforderten Mitwirkung auch als Individuum gegenüber den Gläubigen. Er wird von ihnen gesehen, und es wird geurteilt, ob er seine Sache richtig macht. Und das berührt natürlich auch seine Selbstwahrnehmung.

II. Ministrantenleben

Meine Eltern waren nach einiger Zeit nicht mehr dagegen, dass ich diesen Dienst erlernte und dann Jahre lang praktizierte. Schließlich repräsentierte er auch das Gegenteil zur nazistischen Indoktrination und Erziehung, denen man als Jugendlicher in diesen Jahren an sich ausgesetzt war. Es blieb keine Zeit für beides, und man war so als Ministrant ganz alltäglich im ständigen Widerspruch zum Geist oder besser dem offiziell angeordneten Ungeist der Zeit. Das gefiel sicher den Eltern. Doch sie hatten Zweifel an meiner Ernsthaftigkeit. Meine Mutter sagte einmal in Bezug darauf ganz wörtlich, sie hoffe, dass mich so nahe am Altar der Lichtschein Gottes treffe und erleuchte. Heute muss ich, wenn ich mich daran erinnere, an das Gemälde von Philippe de Champaigne denken, das sogen. *„Ex voto"*, wo die Äbtissin von Port Royal, Agnès Arnauld, durch ihr Gebet einen Gnadenstrahl von oben herabbetet, der die kranke Tochter des Malers angeblich dann auch heilte. Eine jansenistische Vorstellung, wie sie den Gedanken meiner Mutter vielleicht gar nicht fremd war, der jedoch mein oberflächlicher Glaube nie entsprach. Dennoch war für mich Jahre lang das Ministrantsein gelebter Alltag und existenziell neben und mit der Familie der entscheidende Lebens- bereich. Ich erwarb vielleicht dabei gegenüber der übermächtigen nazistischen Indoktrination, der ich vor allem dann als Schüler in der Bodenseeschule nicht entging, sogar eine Art Immunität.

Ich wollte ja zunächst nur wegen meinen Freunden Ministrant werden. Weder der tiefere Sinn des Mi- nistrantseins hat mich interessiert, noch hat mich der schlechte gesellschaftliche Ruf der Ministranten in Meersburg zu dieser Zeit gestört. Auch meine Kirchgängerei und mein Enthusiasmus für die Kirchenrennovation vor einigen Jahren waren verflogen. So fromm und ganz in ihren Dienst versunken sich die Ministranten vielleicht beim Gottesdienst gegeben haben, so bildeten sie doch auch außerhalb der Kirche eine profane Clique und unternahmen unter Anleitung der Älteren zusammen so manches, was zum Dienst am Altar nicht passte und was die Eltern natürlich oft gar nicht erfuhren. Allgemein war es beispielsweise so, dass Sexualität in den Familien ein absolutes Tabu war, aber dass sie die pubertierenden Jungen unter den Ministranten dennoch beschäftigte. Die Älteren kannten sich dabei immer schon besser aus und weihten die Jüngeren bereitwillig in ihre Kenntnisse ein. Man war erfinderisch etwa am Sonntagnachmittag, am See oder beim Zelten an irgendeinem abgelegenen Ort Gelegenheit dafür zu schaffen. Die Sonntagnachmittage waren eine Gelegenheit zum Coming Out untereinander. Jeder hatte vielleicht, gerade weil er Ministrant war, dabei ein schlechtes Gewissen, denn man stellte sich in der Gruppe durchaus die Frage, was wohl der Pfarrer sagen würde, wenn er wüsste... Ministrant werden und Ministrant sein, war eine Initiation in religiöser Hinsicht, doch keine Erweckung der Identität der ganzen Persönlichkeit. Der Beichtstuhl, wo man nicht alles verraten musste und auf jeden Fall vom

Pfarrer die Absolution erhielt, trug dieser Situation Rechnung.

Freilich gab es im Verlauf des Kirchenjahres für uns Ministranten auch Highlights, bei denen wir unbedingt dabei sein wollten. Das waren nicht etwa nur die pompösen feierlichen Zeremonien wie etwa der Firmungsbesuch des Bischofs, oder die weihrauchgeschwängerten brokatgewandeten Festgottesdienste an den großen Kirchenfesten, wo man nie ganz sicher war, ob man sich richtig verhielt, sondern etwa auch am Karfreitag das Rätschen. Man stieg um 12 Uhr und noch einmal vor dem Nachmittagsgottesdienst gegen 15 Uhr auf den Kirchturm bis hinauf zum Geschoss über den Glocken, sah sie in ihrem Gewerk hängen, hörte sie schweigen und darauf warten, dass sie am Karsamstag bei der Ostervigil wieder losbrausten, um mit neuer freudiger Energie die Auferstehung zu verkünden. Mit aller Kraft musste man sich zu viert oder fünft bemühen, die Rätsche in Schwung zu bringen und ihr jämmerliches Geklapper zu erzeugen, das sie vom Kirchturm aus über die Stadt verbreitete, um an den wohl kaum von jemandem geteilten Schmerz über den Tod Christi zu erinnern.

III. Sternsinger

Ein ganz besonderes Ereignis war es, dass ich mit den beiden anderen Oberministranten: Alois und Paul 1946 und 1947 also erst nach dem Krieg mit dabei sein konnte, den Sternsingerbrauch wieder aufleben zu lassen, der seit den Kriegsjahren verboten war. Die Kindergartenschwester stattete uns aus mit Krone und Königsmantel, mich als Kaspar, Alois als schwarzen Melchior und Paul als Balthasar. Und sie lehrte uns die beiden Lieder, die wir bei unseren Hausbesuchen singen sollten: *„Die heiligen Dreikönige mit ihrem Stern, sie essen, sie trinken und bezahlen nicht gern."* und ein anderes Lied, das wir überhaupt nicht verstanden: *„Salamu alai kum."* Und als eigene Zutat hatten wir am Ende jeweils hinzuzufügen:

„Und wen'r uns ebbes gebe wendt, so gebts uns gern und gebts uns bald. Mir mond no durch en finstre wald, durch tiefe schnee, durch tiefe schnee, des dot de heilige drei kenig so weh, so weh, so weh."

Wir besuchten ab 4. Januar alle Meersburger Familien, zuerst die in der Unterstadt, darauf die in der Oberstadt, und schließlich auch Familien in Daisendorf. Überall wurden wir erwartet, sehr freundlich empfangen, mit Weihnachtsgebäck beschenkt und auch mit Geld, das wir hinterher beim Kirchenmesner ablieferten. Wir hatten jedoch weder einen missionarischen Pfarrersauftrag noch selbst ein caritatives Ziel. Es war gewissermaßen ein Unternehmen auf eigene Faust, aber angeregt und unterstützt durch fromme Frauen und diente nur der Wiederherstellung eines alten Brauches. Und es machte uns Spaß. Für uns selbst war es ganz profan ein Akt der Selbstinszenierung auf breitester Bühne und der Integration in einer Stadt, die wir im einzelnen und mit all ihren Ecken und all den Individualitäten, die es da gab, gar nicht kannten. Und nicht nur schmeckte das Weihnachtsgebäck in jeder Familie anders, sondern überall hörte man uns auch anders zu.

Der schwierigste Text, den man als Ministrant für die Messe zu lernen hatte, war das *Suscipiat* zu Beginn der Opferhandlung, wo der Ministrant in Vertretung der Gläubigen direkt zu Gott spricht, um ihn zu bitten, das Opfer des Priesters anzunehmen:

Suscipiat Dominus sacrificium de manibus tuis ad laudem et gloriam nominis sui, ad utilitatem quoque nostram totiusque Ecclesiae suae sanctae. Der Herr nehme das Opfer an aus deiner Hand, zum Lob und

Ruhme seines Namens, zum Nutzen für uns und seine ganze heilige Kirche.

Es dauerte Monate, diesen Text ohne Fehler sagen zu lernen. Man prahlte, wenn man es endlich schaffte: „Ich *kann jetzt Latein.*" Doch schwieriger noch, als diesen Text auswendig hersagen zu können, war, seinen Inhalt wirklich zu erfassen und die Nähe zum Priester zu realisieren, die der Text fordert, aber wohl auch der Priester selbst kaum bedenkt. Diese Nähe konnte das tiefere Ziel der Initiation zum Ministrantsein bilden, wozu der Kaplan eigentlich die Ministrantenproben organisierte. Und er konnte, weil er ja auch Mensch ist, in Ausnutzung seines Bildungsvorsprungs gerade mit dem tiefsten Verständnis dieses Textes einer missbräuchlichen Verführung seiner Ministranten verfallen. Das ist in meinen Ministrantenproben nicht geschehen. Aber in Wirklichkeit hat man sich auch gar nicht darum bemüht, den zu sprechenden Worten die Tat folgen zu lassen. Bei meinen Freunden, mit denen ich ja regelmäßig zusammen ministrierte, stellte ich fest, dass bei ihnen das Suscipiat ziemlich bald zu einem bloßen Gemurmel verkam. Nur das erste Wort, das *„suscipiat"* blieb in verständlicher Aussprache erhalten. Nicht nur das ganze Gebet sondern auch dieses Wort verliert so seinen Sinn: Aber das Zermurmeln reichte offiziell aus. Wesentlich war nur, überhaupt zu antworten, d.h. nur darauf, nur auf das Ritual kam es tatsächlich an. Man hätte Protestant werden müssen, um das einzugestehen.

Aber es gab ja für jeden jungen Menschen das Glaubensproblem, über das man gar nicht sprach und auch nicht sprechen konnte, ohne auf die Schuldenbank gesetzt zu werden. Man ging Samstagabend beichten, wurde dabei freigesprochen von den begangenen Sünden und ging, wie offiziell vorausgesetzt wurde, am Sonntagmorgen in der Messe frei von Sünden kommunizieren. Doch für den sündenanfälligen jungen Menschen war der zeitliche Abstand zwischen den beiden Terminen eine unendlich lange Zeit. War es möglich, so lange ohne Folgsamkeit gegenüber den Eltern auszukommen, die ja fortwährend irgendetwas von einem verlangten: Holz holen aus dem Holzschopf, Most holen aus dem Keller, Schuhe putzen, die Aufgaben machen. Konnte man so lange ohne jeden Streit mit den Geschwistern bleiben, ohne die kleinste Lüge? Und was das Schwerste war: Sexuell so lange nicht nur nichts Unkeusches tun, sondern auch nicht denken und sein Geschlecht möglichst nicht anschauen und berühren. Das Sündenarsenal war unendlich und nur beherrschbar durch Verschweigen und durch die mehr oder weniger große Lüge. Das war die allgemeine Situation. Aber als Ministrant entwickelte man, wenn man seine Sache ernst nahm, ein besonderes Bewusstsein davon.

13. Die Bodenseeschule

Ich habe vor kurzem mit einem chinesischen Freund
Meersburg besucht und wollte ihm auf unserem
Rundgang durch die Stadt einige wichtige Erin-
nerungsorte aus meiner Kindheit zeigen. Dazu gehört das Neue Schloss, wo ich in den Jahren 1943 bis
1945 die Oberschule besucht habe. Sie hieß damals:
*„Bodenseeschule - Oberschule für Jungen in Aufbau-
form"* und war nach heutigen Vorstellungen ein
neusprachliches Gymnasium. Eigentlich wollte ich
nur, dass mein Freund einen Blick in das wun-
derbare barocke Treppenhaus des Gebäudes von
Balthasar Neumann werfen sollte, über das ich in
meiner Schulzeit täglich zu meinem eichenholz-
getäfelten Klassenzimmer in der Beletage des
Schlosses gelangte. Doch der Zutritt auch nur ins
Untergeschoss wurde uns verwehrt, da das ganze
fürstbischöfliche Schloss heute Museum sei. Von der
ehemaligen *„Bodenseeschule"* in diesem Haus wusste man gar nichts. So fing ich an, meinem Freund zu
erzählen, was ich hier als kleiner Schüler der 5ten
und 6ten Klasse erlebt habe.

I. Der Schulalltag in der Bodenseeschule

Der Unterricht begann jeden Morgen um 7.30 Uhr und wurde mit dem *„Morgenappell"* eröffnet. Man kam in der Schule an, eilte zum Klassenzimmer, legte dort den Schulranzen ab und rannte zurück ins Treppenhaus, wo jede Klasse sich auf der Freitreppe an dem für sie bestimmten Ort aufzustellen hatte. Mein Platz war am schmiedeeisernen Treppengeländer hinter einem Steinlöwen, der mit seinen Pfoten das bischöfliche Wappen des Treppenhauserbauers zur Schau hinhält. Sowie alle Klassen aufgestellt waren, herrschte gespannte Stille. Vom rechten Seitenflur her, wo sich das Lehrerzimmer befand, kamen die Lehrer. Schließlich trat - meist in hellbrauner SA-Uniform und mit Stiefeln - der Direktor auf. Er stand stramm, hob den rechten Arm und rief laut: *„Heil Hitler"*. Die Schüler und auch die Lehrer hoben sogleich schlagartig ebenfalls den rechten Arm und schrien: *„Heil Hitler!"* Darauf sang man laut und schneidig und natürlich ohne einen Gedanken an die Bischöfe, die hier einst einhergingen: *„Es zittern die morschen Knochen..."* oder ein anderes zackiges Marschlied. Dann ergriff der Direktor das Wort zu einer kurzen tagespolitisch appellierenden Ansprache. Und man sang wieder, auch wieder mit erhobenem Arm: *„Die Fahne hoch, die Reihen dicht geschlossen..."*, bei besonderem Anlass auch zusätzlich das Deutschlandlied. Darauf kehrten die Schüler in ihr Klassenzimmer zurück. Der Fachunterricht begann. Jede Stunde begann mit dem Hitlergruß. Nach der großen Pause gab es täglich die *„Politische Viertelstunde"*, zu welcher der Klassenlehrer im Klassenzimmer erschien. In ihr wurden jeweils die politischen Tagesereignisse vom Vortag vorgestellt. Reihum war dazu an jedem Tag ein anderer Schüler zur Präsentation verpflichtet. Dazu musste er für diesen Tag das Wehrtagebuch vorlesen, in dem er zuvor den letzten Wehrmachtsbericht aus der Zeitung einzukleben und wichtige zusätzliche Meldungen festzuhalten hatte. Fragen dazu oder gar eine Diskussion darüber gab es nicht.

Unter den Unterrichtsfächern hatte das Fach Geschichte einen besonderen Rang. Schon in der 5. Klasse wurde es unterrichtet. Einziges Thema in diesem ersten Gymnasialjahr war: *„Der Führer"*. Auch das Geschichtslehrbuch für dieses Jahr trug diesen Titel. Deutschland im Jahr 1933 galt als die Ziel - und Schlüsselepoche für die ganze Weltgeschichte.

Für meine Eltern war wichtig, dass ich auch Religionsunterricht hatte. Er war an dieser Schule fakultativ und nicht versetzungsrelevant, und man bekam für ihn ein Sonderzeugnis. Nur da begann die

Stunde nicht mit dem Hitlergruß. Der Kaplan kam ausschließlich zu diesem Unterricht in die Schule, der stets in der letzten Stunde und nur für wenige Teilnehmer stattfand. Das Sonderzeugnis und diese Sonderstellung des Religionsunterrichts waren nicht etwa Ausdruck der Anerkennung der Laiizität, sondern deutlich spürbar eine Deklassierung, auf die wohl irgendwann der Ausschluss des Religionsunterrichts von der Schule folgen würde.

II. Das Verhältnis zu den Lehrern

Allgemein hatte man als Schüler vor den Lehrern wenigstens äußerlich großen Respekt. Der Unterricht erfolgte ausschließlich als Frontalunterricht. Disziplinschwierigkeiten gab es nicht. Die Lehrer waren eine unbestrittene Autorität. Was sie sagten, nahm man kritiklos hin, und wie sie mit den Schülern umgingen, war unanfechtbar. Ich war frustriert darüber, dass mir der immer sehr sarkastische Deutschlehrer Sexauer den Übernamen *„Naseweis"* gab und mich immer wieder als *„Naseweis"* aufrief. Wo und wie sollte ich mich darüber beklagen? Elternvertreter gab es nicht. Ein Sonderfall war für mich der Unterricht bei der Musiklehrerin, Fräulein Litterski. Die Musikstunden fanden im prunkvollen Rokokofestsaal statt. Er war für den Klassenunterricht überhaupt nicht geeignet, viel zu groß, zu hell, mit seinen Spiegeln und den phantasievollen barocken Verzierungen an den Wänden und dem religiösen Deckengemälde eine einzige Ablenkung. Außerdem gab es in diesem Saal nur eine bewegliche zum Rumschubsen einladende Bestuhlung und an der Stelle des Pultes den Konzertflügel. Fräulein Litterski spielte für uns darauf und sang auch öfters dazu. Sie war an sich ja Sängerin. Ein Schubertlied? Vielleicht! Das interessierte überhaupt nicht. Keiner hörte zu. Man lästerte über ihren Gesang, äffte ihn mit einer Art Gegacker nach. Oft ging es bei ihr die ganze Musikstunde hindurch chaotisch zu. Ich schämte mich dafür, denn sie war mit meinen Eltern befreundet. Ich sah sie hin und wieder bei mir zu Hause. Einmal schnappte ich die Bemerkung auf: *„Alle Kollegen sind Erznazis. Man muss in dieser Schule mit allem, was man sagt, extrem vorsichtig sein."* Am 20. Juli 1944 kam sie abends zu uns nach Hause, und mein Vater und sie stießen auf das Hitlerattentat an. Was sie eigentlich dazu meinten, bekam ich nicht mit. Wie immer, wenn sie kam, wurden wir Kinder auch an diesem Abend schlafen geschickt.

Freilich auch unter den Mitschülern musste man vorsichtig sein mit dem, was man sagte, wenn Politik das Gesprächsthema war. Zum Glück geschah das selten. Einer aus meiner Klasse, den ich sehr gern mochte, Wolfgang, war als Flüchtling in Meersburg und war der Sohn des Mannheimer Kreisleiters. Einmal in den letzten Kriegswochen begleitete er mich nach Hause. Selbst da sprach er noch von der Wunderwaffe Hitlers - noch besser als die V2 - würde sie den Endsieg der Deutschen garantieren. Keinesfalls wagte ich es, ihm zu widersprechen. Dr. Krauth, den Direktor der Schule, fürchtete man und vermied es, ihm zu begegnen. Man sah ihn glücklicherweise selten und zitterte, wenn man ihn irgendwo zufällig kreuzte und laut und mit richtig erhobenem Arm *„Heil Hitler!"* zu ihm sagen musste. Ich habe ihn als Lehrer nur einmal in einer Vertretungsstunde in Englisch erlebt. Er war ja an sich nur ein Englischlehrer, aber als der Direktor dieser Schule eine unnahbar hochstehende Person, die sich aufgrund ihrer politischen Stellung auch die größte Geistlosigkeit leisten konnte. Sein Stundenthema war: *„Warum lernen wir Englisch?"* Warum als Deutscher denn überhaupt Englisch lernen? Die Antwort, die in der Stunde erarbeitet wurde, war: *„Um den Feind zu verstehen."* Die kluge Howei ist gleich zu Beginn schon darauf gekommen und wurde dafür über alles gelobt.

Eine wenigstens für mich willkommene Unterbrechung im Schulalltag war der Fliegeralarm. Sowie das Sirenengeheul in der Stadt Vollalarm ankündigte, wurde der Unterricht unterbrochen. Alle

Schüler liefen zum Luftschutzkeller und versammelten sich dort bunt gemischt. Man tat sich in Gruppen mit seinen Freunden zusammen und erzählte einander Witze, während man von draußen das Brummen der feindlichen Flugzeuge hörte.

III. Außerschulische Aktivitäten

Wichtig und für jeden verpflichtend waren in dieser Schule auch die außerunterrichtlichen Veranstaltungen. Man musste etwa regelmäßig in genau eingeteilten Gruppen in der Stadt Altmaterial sammeln: Altpapier, Lumpen, Alteisen… Besonders ekelhaft war die Knochensammlung. Im Frühjahr gab es Tage, wo die ganze Schule mit ihren Lehrern im Wald Heilkräuter sammeln ging: Waldmeister, Taubnesseln, im Herbst waren es Bucheckern für Öl. Immer wieder gab es auch politische Nachmittagsveranstaltungen, zu denen alle Schüler und auch die Lehrer kommen mussten. Sie fanden teilweise im barocken Festsaal statt, der sonst als Musiksaal diente. Unvergesslich wurde für mich der Nachmittag, an dem ein General kam. Auch die Lehrer nahmen daran teil. Alle waren versammelt. Da betrat der Direktor mit dem General den Saal. Alle standen auf, hoben die Arme und schrien wie mit einer Stimme: *„Heil Hitler!"* - *„Heil Hitler!"*, grüßten die beiden zurück. Der Direktor stellte den Gast vor. Der hielt eine Rede über die Reichsarmee und ihren tapferen Einsatz an der Front. Danach ging er durch die Reihen, um jeden Jungen einzeln zu fragen, zu welcher Armeeformation er einmal gehen werde. Wie wohl andere auch, war ich vollkommen eingeschüchtert und zitterte, als er auf mich zukam, denn an diese Frage hatte ich noch nie gedacht und mit einem so *„hohen Tier"* auch noch nie ein Wort gewechselt. Mein Nachbar sagte *„Infanterie"*, und so sagte ich ebenfalls *„Infanterie"*. Ich empfand es als eine Erlösung, als die Veranstaltung vorüber war. Ihren Ernst begriff ich allerdings erst etwas später, als an einem Morgen die Schüler der obersten Klasse vor der ganzen Schülerschaft auf der Schlossterrasse vom Direktor feierlich verabschiedet wurden. Sie hatten noch kein Abitur, mussten also ihre Schulausbildung vorzeitig abbrechen und mussten zum Militär. Der Direktor pries sie als künftige Helden: *„Bereits morgen steht ihr an der Front"*, verhieß er ihnen *„und ihr kämpft als Helden für den Führer und das Vaterland"*. *„Sieg heil, Sieg heil"*, hatte man danach zu brüllen.

Doch man konnte immer weniger noch glauben, dass der Krieg ein gutes Ende nahm. In meiner Klasse gab es ein Vorkommnis, das jeden zum Nachdenken bringen konnte, obwohl man die Lage nicht durchschaute. Ende 1944 bekamen wir einen französischen Mitschüler: Jacquis. Das war etwas ganz Besonderes. Ein Flüchtling zwar wie die Flüchtlinge aus Mannheim oder die beiden aus Ostpreussen. Doch er war weder ein Ausgebombter, noch ein Vertriebener. Er war der Sohn einer Französin, die ursprünglich in Vichy lebte und Mitglied der dort residierenden französischen Naziregierung war. Die Amerikaner waren unter Eisenhower in der Normandie gelandet und hatten einen Teil Nordfrankreichs erobert. Da wurde die französische Regierung mit Pétain an der Spitze von den Deutschen nach Sigmaringen umquartiert. Wohl aus Platzmangel in dieser Stadt kamen dabei Teile des Personals nach Meersburg. Man erfuhr wenig von diesen Leuten, wusste aber, dass sie eigentlich vor den vorrückenden feindlichen Truppen, zu denen inzwischen auch eine französische Armee gehörte, auf der Flucht waren. Jacquis also, ein Franzose auf der Flucht vor den eigenen Leuten.

Die Gäste wurden offiziell freundlich aufgenommen und in den besten Hotels untergebracht, denn es sollten ja Freunde sein. Aber ihre Einquartierung konnte nur eine Lösung auf Zeit sein und hatte wahrscheinlich einen schlechten Ausgang, nicht den Endsieg, sondern wohl die deutsche Niederlage. Indes das beunruhigte uns und auch Jacquis nicht. Er sprach fließend deutsch, war sehr clever und so unter uns Jungen in der Klasse schnell sehr beliebt.

Was ihn beschäftigte, das war nicht die Politik, sondern das waren die Geschichten, die er nun, wo er offenbar erstmals zusammen mit seiner Mutter untergebracht war, erlebte. Und die erzählte er uns Jungen jeden Tag in der Pause taufrisch. Wir waren ihm gegenüber naive Kinder vom Lande und Sex war außerdem in dieser Nazischule kein erlaubtes Thema, aber doch für uns pubertäre Jungens vielleicht die wichtigste Sache. Jacquis war mit seinen Geschichten gleich schon ein wichtiger Informant und lieferte uns mit den Geschichten seiner Mutter ein Sittengemälde wie aus einer anderen Welt.

IV. Der Schuldirektor

Die Erinnerung an mein Schulerlebnis in der Bodenseeschule führt mich nachträglich auf die Publikation des Meersburger Museumsvereins: *„Meersburg unterm Hakenkreuz"*. Es ist sehr erfreulich, dass es dieses Buch gibt. Doch in Bezug auf die *„Bodenseeschule"* informiert es absolut unzureichend. Der Leiter der Schule, Dr. Krauth, war in den letzten Kriegsjahren auch leitender Bürgermeister von Meersburg und das, obwohl seine Schule und das Schulleben der Bodenseeschule trotz der einheimischen Schüler überhaupt nicht in das

Gemeindeleben integriert waren. Das hatte für mich persönlich den Vorteil, dass ich nicht an den örtlichen Veranstaltungen der Hitlerjugend teilzunehmen brauchte und also kein *„Pimpf"* war, wie ich es altersgemäß hätte sein müssen. Allgemein fühlte sich wohl ein größerer Teil der Bevölkerung der Stadt durch diesen Bürgermeister nicht wirklich repräsentiert. Viele haben ihn wohl gar nicht gekannt. Seine Ambitionen als Schulleiter waren denn auch höher gesteckt. Aus der Bodenseeschule hätte nach seiner auch dokumentierten Absicht eine *„Napola"* werden sollen, eine nationalsozialistische Musterschule, wie auf der Reichenau bereits eine im Aufbau war. Nur das Kriegsgeschehen hat das verhindert.

14. Die Franzosen kommen

I. Vorgeschichte

Die Stadt Meersburg war fast bis Kriegsende durch das kriegerische Geschehen kaum berührt. Nur durch die Nähe zu Friedrichshafen gewann man einen gewissen Eindruck davon, was das bedeuten konnte. Friedrichshafen war Standort von kriegswichtigen Industrieanlagen. Die Alliierten vermuteten sogar, dass Teile der V2-Rakete dort produziert würden, mit der London angegriffen wurde. Ab Juni 1943 erfolgten eine größere Zahl von Luftangriffen auf die Stadt, zunächst durch die Engländer, dann auch durch die Amerikaner. Man bekam Angst. Zuerst waren nur die Industrieanlagen das Ziel, doch bald auch Wohngebiete und die Flakverteidigung rings um die Stadt. Brandbomben, Sprengbomben, Luftminen in großer Zahl wurden abgeworfen. Schon als Kind kannte man schließlich den Unterschied zwischen diesen Kampfmitteln und ihre unterschiedliche Zerstörungskraft. Man konnte sich in Friedrichshafen ein Bild davon machen. Bei Kriegsende war die ganze Altstadt durch die Luftangriffe zerstört. An die 1000 Menschen sollen dabei umgekommen sein. Und Tausende waren obdachlos geworden. Auch Meersburg konnte Ziel für

Luftangriffe werden. Es gab am Stadtrand Flak-stellungen, die ein militärisches Ziel hätten sein können. Und ganz in der Nähe, in Ittendorf, wurde irrtümlich ein Bauernhof bombardiert, was auch sonstwo geschehen konnte. Ich fuhr mit meiner Tante mit dem Fahrrad nach Friedrichshafen, um mit ihr die dortigen Zerstörungen anzusehen: überall nur Häuserruinen und auch durch Flächen-brände verwüstete Straßen. Nicht zuletzt konnte uns aber auch Vater darüber einiges erzählen, denn er war stellvertretender Leiter der Meersburger Feuerwehr und musste mit seinen Feuerwehrleuten bei jedem Luftangriff nach Friedrichshafen zum Einsatz. Gegen Ende des Krieges gab es fast täglich Fliegeralarm. Man hörte schon von weitem das Brummen der anfliegenden Bombergeschwader und rannte in größter Angst in die Luftschutzkeller. Unvergesslich blieb der Nachtangriff auf Friedrichs-hafen vom 28. April 1944. Wir wurden durch Mutter aus dem Bett gerissen, sahen und bewunderten die Leuchtbomben, die im Osten mit einem vielfarbigen Feuerwerk den Himmel beleuchteten, bevor wir in unseren provisorischen Luftschutzkeller krochen und dort dann bei den Bombenexplosionen zitter-ten. Mehr und mehr gab es auch am Tag Tiefflieger-attacken. Wenn man unterwegs war und die Flieger anbrausen hörte, warf man sich, wo man gerade war, unter ein Gebüsch. Man glaubte sich im Visier, befürchtete das Schlimmste und realisierte nicht, wie unbedeutend man in Wirklichkeit war.

Unvergesslich bleibt für mich, dass ich an einem Tag Mutter nach Ahausen in die Mühle begleiten musste. Dort befand sich, etwa 10 km entfernt, die nächste Mühle. Als Selbstversorger hatten wir für unseren Eigenbedarf an Mehl selbst zu sorgen und ließen also dort unseren Weizen mahlen. Wir fuhren mit dem kleinen Leiterwagen und der Kuh Flora los und holten unser Mehl ab. Auf dem Rückweg kurz hinter Ahausen plötzlich mit höllischem Lärm herandonnernde Tiefflieger. Wir hörten und sahen sie, fühlten uns unmittelbar bedroht, ließen die Kuh mit dem Leiterwagen auf der Straße stehen und sprangen zitternd den Straßenrain hinab in den Straßengraben, hielten uns gegenseitig fest und zwängten uns in die Rinne, während die Flugzeuge über uns hinwegbrausten. Als nichts mehr zu hören war, stiegen wir erleichtert wieder auf die Straße hinauf. Flora, die Kuh, stand noch ruhig da und zermahlte völlig ungestört weiter ihr sabbriges Gekäu, als stünde sie auf der Weide. Geschockt setzten wir den Heimweg fort.

Doch unsere Verängstigungen waren nur ein geringes Übel verglichen mit der Not der Leute in den bombardierten Städten, von der einem in Meersburg einquartierte Flüchtlinge etwa aus Mannheim oder aus dem Ruhrgebiet erzählten. Aber das Kriegsgeschehen rückte spürbar näher. Im Februar 1945 war Frankreich durch die Alliierten schon weitgehend militärisch erobert und befreit. Man las es in der Zeitung. Und die feindlichen Truppen rückten vom Westen her immer näher und eroberten eine Stadt nach der anderen.

Eine erste spektakuläre Reaktion war in Meersburg, dass Panzersperren errichtet wurden. An den Zugangsstraßen zur Stadt wurden jeweils beidseitig mächtige Pfahlbefestigungen angebracht und auf der Seite lange Baumstämme platziert, mit denen die Straße abgesperrt werden konnte. Täglich hörte man den Kanonendonner näher rücken. Und auf der Hauptstraße Richtung Stetten ratterten immer mehr Militärfahrzeuge vorbei: Lastwagen mit Soldaten, Zugmaschinen mit Kanonen und schließlich auch Panzer. Das war, so erklärte man uns, der Rückzug der deutschen Armee in Richtung auf die Alpen, wo angeblich eine neue Verteidigungslinie aufgebaut werden sollte und die Basis für die Rückeroberung der von den Alliierten besetzten Landesteile.

Zu den durchziehenden deutschen Truppenteilen gehörten auch die etwa 40 Inder, die an einem Mittag plötzlich vor unserem Haus standen. Sie trugen Wehrmachtsuniform und Gewehre, hatten aber auf dem Kopf alle einen Turban. Sie sollten für 1 oder 2 Nächte auf unserem Strohstock untergebracht werden. Es waren freundlich aussehende junge Männer, dunkelhäutig und eine Sprache sprechend, die wir nicht verstanden. Wir Kinder durften nicht mehr auf die Straße, so lange sie da waren. Doch nach einer für uns mulmig unruhigen Nacht waren sie am nächsten Morgen schon wieder verschwunden. Wahrscheinlich sind sie mit den nach Osten ziehenden Truppenteilen weitergezogen. Ihr Erscheinen blieb ein Rätsel. Man hatte keine Ahnung von der englischen Kolonialpolitik und dem Versuch der Deutschen, sich den indischen Widerstand dagegen zunutze zu machen.

Das militärische Verkehrsaufkommen auf der Hauptstraße nahm zu. Doch am Radio gab es keine Meldungen über diese Bewegungen. Stattdessen wurden immer noch Siegesmeldungen verbreitet, und tapfer sich behauptende Einheiten wurden gerühmt als heldenhafte Kämpfer für den Führer und für das Vaterland. Man glaubte nicht mehr daran und fühlte sich stattdessen mehr und mehr unmittelbar bedroht, ohne dass man wusste, was wirklich die Lage war. Unsere Mutter ließ uns Kinder kaum noch aus dem Haus. Dabei meinte sie, unser Haus mit seinem hellroten Ziegeldach wäre besonders gefährdet.

II. Einheimisch provozierte Ängste

Anlass zur Angst gaben indes auch ganz andere Dinge. Henri, unser polnischer Zwangsarbeiter, war plötzlich verschwunden. Wo war er? Er war doch in gewisser Weise Teil der Familie und im Alltag in das Familienleben integriert. Doch man spürte schon lange, dass er sich mehr und mehr abweisend verhielt. Er wurde störrisch und unzuverlässig. Eines Tages sagte er, er sei krank und könne nicht mit aufs Feld. Die Eltern zögerten, ließen ihn aber dann doch allein zu Hause. Er sollte den Nachmittag im Bett bleiben. Am Abend stellten sie fest, dass er ver- schwunden war. Und er hatte sich zuvor offenbar an die große Schnapsflasche gemacht, die sie in ihrem Schlafzimmer deponiert hatten. Schnaps war sicht- lich entnommen worden. Der Saugschlauch, mit dem man Schnaps entnehmen konnte, war in die Flasche gefallen und hatte den verbliebenen Schnaps rot gefärbt. Tage später erst ist Henri noch einmal kurz aufgetaucht, um seine Sachen zu holen. Zur Rede stellen konnte man ihn da schon nicht mehr. Die politische Lage war prekär. Und er fühlte sich natürlich schon auf der Siegerseite.

Doch unheimlich wurde die Lage auch von der deutschen heimischen Seite her. Bis in die letzten Kriegstage gab es Fanatiker und Denunzianten, die umherschwirrten und umso mehr zu fürchten waren, je mehr sich die staatliche Autorität aufsplitterte. Doch die größte Gefahr drohte unmittelbar vor Ort. Der Nachbar Ruther war von Polizisten abgeholt worden. Das Gerücht ging um, er komme vor ein Standgericht. Wir wussten zwar, dass er ein Antinazi war. Doch das durfte an sich niemand wissen. Und er war alt. Und seine drei Söhne waren alle an der Front. Die Schwiegertochter mit ihren drei Kindern sollte nun allein die Landwirtschaft und die Familie versorgen. Es gab keine Nachricht darüber, was mit ihm wirklich geschah. Einige Tage später kam er jedoch wider Erwarten zurück. Aber da bekamen wir auch Angst wegen unserem Vater. Uns wurde das Gerücht hinterbracht, dass der Sparkassenangestellte Messmer seit längerer Zeit eine schwarze Liste führte mit Nazifeinden und dass Vater ganz oben auf dieser Liste stünde. Ein ganz und gar bekannter Gegner war jedoch auch der Ortsbauernführer Frey, der regelmäßig ins Haus kam, um die Hühner, die Schweine, die Kühe und alles, was abgabepflichtig sein konnte, zu zählen und der dann die abzuliefernden Quoten bestimmte: Eier, Äpfel, Kartoffeln, Weizen, Schnaps. Er steckte seine Nase in absolut alles im Haus und war ein gefürchteter Mitbürger, ein hundertprozentiger Nazi, von dem keinerlei Nachsehen zu erwarten war. Dann schließlich ist auch Vater unversehens mitten in der Nacht abgeholt worden. Er war wie alle noch in der

Heimat verbliebenen *„wehrfähigen"* Männer beim *„Volkssturm"* und wurde, wie es hieß, für einen Einsatz eingezogen. Wir hatten keinerlei Information über diesen Einsatz und über den Aufenthalt, bis auch er nach 2 Tagen wieder zurückkam.

Die gesamte Lage war äußerst beklemmend, zumal die für die Ortspolitik verantwortlichen Nazifunktionäre immer noch da waren und wohl daran festhielten, die Stadt zu verteidigen. Bis zuletzt noch hing am Treppenaufgang des Rathauses das Plakat vom *„totalen Krieg"*. Sie wollten den totalen Krieg und waren so auch mit der Zerstörung der Stadt einverstanden, gerade weil die Lage in jeder Hinsicht aussichtslos geworden war.

Es war schon seit Wochen kein Schulunterricht mehr. Zum Ministrieren ging ich noch und traf dabei fast täglich wieder die alten Freunde, die mir mit meinem Bodenseeschulbesuch fremd geworden waren. Da gab es manchmal sogar neue Informationen. Meist entpuppten sie sich allerdings nur als vage Gerüchte. Aber es war ja gefährlich, offen zu reden. Vor allem, dass *„die weiße Fahne"* auf dem Dagobertsturm gehisst werden könnte, um eine Zerstörung zu vermeiden, durfte man nicht einmal laut denken. *„Die weiße Fahne hissen"*, darauf stand die Todesstrafe. Aber da erfuhr man plötzlich von irgendwo her, dass die Franzosen bereits Konstanz und den gegenüberliegenden Bodanrück besetzt hätten, und man dachte, dass sie nun wohl bald vom Westen her in Richtung Meersburg vorrücken würden. Und es geschah, dass von der anderen Seeseite aus die Villa des Malers Hans Dieter angeschossen wurde. Sie ist westlich der Stadt über den Rebhängen weithin sichtbar. Man sah in der Tat von der Uhldingerstraße aus die Einschussstelle in der Gartenmauer. Ein Warnschuss? Damit war auf jeden Fall klar: Meersburg konnte durch die feindliche Artillerie auch von Konstanz aus erreicht und zerstört werden. Da nach dem Willen der maßgeblichen Politiker die Stadt auf jeden Fall verteidigt werden sollte, wurden die Panzersperren geschlossen. Kein Fahrzeug konnte mehr auf normalem Weg in die Stadt gelangen und auch nicht mehr über die Hauptstraße Richtung Osten fahren. Waren die Franzosen inzwischen etwa schon in Überlingen? Man stellte sich die Frage. Da wurde an einem Morgen bekannt, und man sah es sogleich bei unserer Zugangsstraße zur Stadt, dass gewisse Panzersperren - wohl die weniger wichtigen - in der Nacht aufgesägt worden sind. Ein Verbrechen, für das die Verursacher ihr Leben riskierten. Viel später erfuhren wir, dass unser Vater an dieser Aktion beteiligt war. Als Volkssturmmann musste er jedoch sogleich am nachfolgenden Tag mithelfen, die Sperren provisorisch wieder zu schließen.

III. Die Invasion

Sonntagfrüh, es war der 29. April 1945, fand wie immer 9.30 Uhr der Hauptgottesdienst in der Pfarrkirche statt. Pfarrer Restle hielt den Gottesdienst. Ich musste ministrieren. Alles verlief normal bis zur Opferung. Da kam Herr Riedmann, der Ortskommandant des Volkssturms - man kannte ihn nur als Straßenmeister, und ich glaube, er war Protestant - überraschend in den Chorraum, stieg zum Altar hinauf und tuschelte etwas mit dem Pfarrer. Dann wandte er sich von der Chortreppe aus an die Gläubigen im Kirchenschiff und verkündete laut:

„Die Franzosen kommen. Sie werden in kürzester Zeit von Überlingen her die Stadt erreichen. Geht alle schnellstens nach Hause und bleibt in euren Wohnungen. Was immer geschieht, geht auf keinen Fall auf die Straße! Wir versuchen, die Stadt kampflos zu übergeben. Seien sie also beruhigt, es wird wohl keine Kämpfe geben. Vermeiden sie alles, was die Truppen provozieren könnte!"

Die Messe wurde abgebrochen. Alle Anwesenden strömten aus der Kirche zu ihren Wohnungen. Als ich nach Hause kam, war bereits nicht nur die ganze Familie im Wohnzimmer versammelt, sondern auch die Großmutter und Tante Gertrud waren da, die normal in der Unterstadt wohnten. Sie befürchteten, dort, mitten in der Stadt, in kriegerische Turbulenzen zu geraten und waren mit Vater zu uns gekommen, denn wir wohnten ja außerhalb am Stadtrand. Mit beiden waren auch der Bruder der Tante gekommen, Erich und auch seine Frau und ihre beiden Kinder, eine Flüchtlingsfamilie aus Bruchsal, die seit einiger Zeit bei der Großmutter wohnte und die wir nicht besonders mochten, aber nun natürlich bei uns aufnahmen. Wie das Kaninchen vor der Schlange saß man den ganzen Nachmittag und Abend eng gedrängt in der Stube zusammen. Man wusste nicht, was draußen geschah, hörte nichts, sah nichts. Radio und Telefon funktionierten nicht mehr. Man hatte Angst und traute sich nicht, auch nur vor die Türe zu gehen. Worauf musste man gefasst sein? Was geschah in der Stadt, was geschah mit der Stadt? Man konnte sich das Schlimmste vorstellen und wusste nicht, was am nächsten Morgen überall los sein würde.

Wäre jemand aus der Familie gebildet genug gewesen, hätte er vielleicht den Anwesenden aus Boccaccio, *Decamerone* vorgelesen. Eine Gruppe von Leuten aus der Stadt ist dort aus Angst vor der Pest in ein Landhaus außerhalb der Stadt geflohen! Der Satz: *„Memento mori!"* - *„Sei dir deiner Sterblichkeit bewusst!"* spiegelte ihre Stimmung. Und das war nun vielleicht auch die unsrige. Undenkbar freilich, dass wir uns in dieser Stimmung erotischer Erzählungen oder gar erotischer Spiele hätten erfreuen können. Wir waren ja eine Familie, nur eine ganz und gar nicht prominente Kleingruppe, die sich hilflos zu retten versuchte. Männer, Frauen und Kinder. Wir hatten Angst, die Eltern doppelt auch für ihre Kinder. Was hatte man von draußen zu erwarten? Es war mit dem Naziregime zwar hier in Meersburg an diesem Tag zu Ende, das war klar. Aber was kam nun mit den Franzosen, den siegreichen Eroberern, den Unterwerfern, den Besatzern? Sie waren gewiss humaner als die Russen. Man hatte unzählige Gräuelgeschichten von Ostpreußen und von der Ostfront gehört, von Misshandlungen vor allem der Frauen. Man hielt die Franzosen dennoch für zivilisierter als die Russen. Man kannte sie ja. Man hatte am Ort die Vichy-Franzosen kennen gelernt, die seit Monaten im *„Wilden Mann"* untergebracht waren, Flüchtige jetzt vor den eigenen Leuten. Man sagte, sie seien in letzter Minute in die Schweiz geflohen. Aber man hatte gesehen: Es waren Leute, mit denen man umgehen konnte. Außerdem, ich hatte ja schon in der Volksschule elsässische Lehrer, Fräulein Jakob aus Straßburg etwa, die ich sehr gerne mochte. Das Lied *„Oh Straßburg, oh Straßburg, du wunderschöne Stadt"*, das man bei ihr lernte, habe ich bis heute nicht vergessen. Und ich hatte elsässische Lehrer in der Bodenseeschule. Diese Elsässer waren nun nach ihrer deutschen Zwangsnationalisierung wieder Franzosen. Sie waren vielleicht auch als Besatzer keine anderen Menschen.

Aber was war überhaupt mit dem Krieg? Hitler war an diesem Tag noch am Leben. Man wusste nichts mehr von der Situation in Berlin. Wo waren überhaupt die Fronten? Man wusste es nicht. In unserem Haus am Lehrenweg, einem Feldweg mitten zwischen Reben und Obstbäumen war es friedlich wie eh und je. Man sah kein Fahrzeug und überhaupt keinen Menschen. Man hörte nur Richtung Stadt ununterbrochen ein Brummen und Dröhnen von Fahrzeugen. Endlich konnten die Eltern nun einmal froh darüber sein, dass sie vor Jahren aussiedeln mussten und so nun dem Trubel entkamen, den es wahrscheinlich in der Innenstadt gab.

Der Tag, an dem wir in unserer Stube versammelt waren, wurde unendlich lang. Jedem wurde klar: Wir befanden uns nicht nur in einer vorübergehenden Quarantäne wie die Gruppe bei Boccaccio, sondern waren aus dem gewohnten Leben ausgeschlossen und zugleich eingeschlossen in einer aussichtslosen Wirklichkeit. Die „große" Politik sah man seit langem unausweichlich am Abgrund und man war insofern auf Schlimmes vorbereitet. Da gab es nicht viel zu diskutieren.

Großmutter fing an, Bohnen zu bretschen, was sie seit Wochen immer wieder getan hat, wenn sie auf Besuch kam. Doch nichts konnte weitergehen wie bisher.

Gegen Abend wagte ich es, zu meinen Freunden im Nachbarhaus zu entwischen. Sie waren gespannt wie wir. Und wir schlichen zusammen aufs Wasserwerk, von wo aus man einen Ausblick auf die Oberstadt hatte und vor allem auf die Hauptstraße Richtung Friedrichshafen. Man sah auf der Straße unzählige Militärfahrzeuge, ähnlich wie schon vor Tagen, doch nun viele mit einer französischen Fahne und in einer viel größeren Hektik: Lastwagen mit Soldaten aber nicht in grüner sondern in Kaki-Uniform. Das war die französische Armee. Auch Panzer ratterten vorbei. Es war also noch Krieg. Doch wir waren nun hinter der Front, aber natürlich dennoch nicht unter den Siegern. Es war ein prickelndes Schauspiel. Wir konnten es nicht länger beobachten, denn wir hatten Angst, und die Eltern wussten ja gar nicht, wo wir waren.

IV. Die Besatzung

Erst am nächsten Morgen machte man bei uns im Haus richtig Bekanntschaft mit der neuen Lage und dies nun unmittelbar vor der Haustür. Auf dem Feldweg, an dem wir wohnten, fuhren schon in aller Frühe französische Jeeps und Militärlastwagen vorbei. Und Militärs waren damit beschäftigt, Leitungen und ganze Leitungsstränge am Wegrand zu verlegen hin zu verschiedenen Häusern in der Nachbarschaft.

Gleich schon gab es Sperrstunden, während denen die Bewohner ihr Haus nicht verlassen durften und also nur eine eng begrenzte Ausgangsmöglichkeit. So konnte Vater erst am Nachmittag des zweiten Besatzungstages Großmutter und ihren Anhang in die Unterstadt zurückbringen. Er hat dabei festgestellt, dass es in der Stadt keine Zerstörungen gab. Doch überall sah er nun nur französische Soldaten und Militärfahrzeuge und traf auf der Straße keinen einzigen Meersburger. Alle Geschäfte waren geschlossen und die Gasthäuser offenbar alle besetzt. Das normale Leben war völlig zum Stillstand gekommen. Meersburg war, so schien es, nicht nur durch die französische Armee besetzt, sondern sie richtete sich mit weitergehenden Plänen in der Stadt ein.

In den Tagen danach war alles, was man erlebte, ungewöhnlich. Die Kontakte außerhalb der Familie waren eingeschränkt auf zufällige Begegnungen mit den Nachbarn. Es gab keine Öffentlichkeit mehr. Man erfuhr bald dies, bald jenes, ohne dass man die Wahrheit überprüfen konnte.

Schließlich erfuhren wir und sahen es auch, dass die Nachbarhäuser von Deck und Ehringer beschlagnahmt worden sind. Die Bewohner waren schon am frühen Morgen nach der Besetzung der Stadt genötigt worden, ihre Häuser zu verlassen und mussten unter Zurücklassung des gesamten Inventars binnen kürzester Zeit irgendwo in der Stadt eine neue Wohngelegenheit suchen. Die Ehringers kannten wir ja sehr gut. Die Frau kam bisher jeden Morgen zu uns Geisenmilch holen. Wo waren sie nun? Wie ungerecht gerade für sie, aus ihrem Haus vertrieben zu werden. Sie hatten ja schon unter den Nazis zu leiden. Der Mann war Taubstummenlehrer und Direktor der Taubstummenanstalt im Neuen Schloss gewesen. Er ließ sich pensionieren, als diese von den Nazis zu Gunsten der Einrichtung der Bodenseeschule aufgelöst wurde. *„Die Taubstummen - unwerteres Leben"*, so etwas zu denken hat ihn empört. Die Frau hat die Vertreibung aus ihrem Haus offenbar völlig verwirrt. Sie ist schon wenige Tage nach der Besetzung beim Kirchgang in ein Militärauto gelaufen und an den Verletzungen gestorben.

Zweifellos blieben wir, weil wir eine Landwirtschaft mit Kühen und allem, was dazu gehört, hatten und im übrigen kein sonderlich komfortables Haus besaßen, von so brutalen Maßnahmen verschont. Doch am Nachmittag des dritten Besatzungstages hielt ein Jeep vor unserem Haus. Ein französischer Offizier mit einigen Soldaten stand vor der Haustür und wollte mit der ganzen Mannschaft direkt in den Keller, um Most und Wein zu requirieren. Als Vater den Zutritt verweigerte und sagte, er wolle, dass man zuerst darüber redet, schrie ihn der Offizier an und setzte ihm den Revolver auf die Brust. Doch Vater ließ sich nicht einschüchtern und sagte, er wolle seinen elsässischen Freund holen, um mit ihnen zu verhandeln. Er sagte seinen Namen. Der war dem Offizier offenbar bekannt. Dieser Freund soll ja, was wir allerdings erst viel später wussten, am Vortag den anrückenden Franzosen entgegen-gelaufen sein, um ihnen den Zugang zur Stadt auf einem Weg ohne Panzersperren zu zeigen. Er war Zahnarzt, stammte aus dem Elsass und wohnte im Haus von Riedmann, der in die Kirche gekommen war (vielleicht waren sie beide die eigentlichen Retter der Stadt). Vater war mit ihm über die Feuerwehr wirklich auch befreundet, doch hatte keinen Kontakt mehr zu ihm. Aber der Verweis auf ihn half in diesem Augenblick. Die Sache mit dem Most und dem Wein wurde aufgeschoben bis zum nächsten Tag. Da kam dann der Offizier mit seinen Leuten wieder und war damit zufrieden, dass ihm ein kleines Fass Most übergeben wurde. Aber dazu haben seine Soldaten ein Kalb direkt aus dem Stall geholt und mitgenommen.

Man sah, wenn man schließlich endlich wieder in die Stadt kam, dass alle großen Gebäude beschlagnahmt waren, namentlich das Neue Schloss, die Finanzschule: Die glorreiche Nazivergangenheit dieser Gebäude - 1000 Jahre hätte sie dauern sollen - auf einen Schlag war sie ausgelöscht. Auch das Volksschulgebäude am Reithof und viele Hotels und Pensionen aber auch eine Reihe von Privathäusern waren besetzt. Selbst das Alte Schloss, hieß es, sei besetzt.

Bekannt wurde nun schließlich auch, wie sich die kampflose Eroberung der Stadt durch die Franzosen vollzogen hatte. Die Rettungsaktion durch den elsässischen Freund des Vaters, bei der er die Franzosen über einen Waldweg in die Stadt führte, war entscheidend. In den Tagen vor dem Einmarsch der Franzosen hatte es noch heftige politische Auseinandersetzungen zwischen einigen auch für den Volkssturm verantwortlichen Stadtbewohnern und dem nazistischen Bürgermeister und dem Ortsgruppenleiter gegeben, die die Stadt um jeden Preis verteidigen wollten und ihre Zerstörung in Kauf genommen hätten. Sie waren am Tag, als die Franzosen kamen, offenbar verschwunden und, wie es hieß, Richtung Alpen geflüchtet. Ihre Ersatzleute, darunter auch wieder Riedmann übergaben die Stadt ohne Widerstand. Anstelle der deutschen Verwaltung gab es nun auf dem Rathaus den französischen Stadtkommandanten. Er blieb für die in ihre Wohnungen allerdings ohnehin zurückgezogene Bevölkerung unsichtbar, hatte aber offenbar uneingeschränkte Gewalt und regierte die Stadt mit Bekanntmachungen, die an verschiedenen Stellen in der Stadt angeschlagen wurden. Neben der Regelung der Ausgangssperre und den Verfügungen zur Besetzung bestimmter Häuser war eine seiner ersten Maßnahmen, dass alle Waffen, alle Radiogeräte und alle Fotoapparate eingezogen wurden. Das bedeutete zur erzwungenen Isolation hin eine totale Informationssperre. Schließlich gab es außer den angeschlagenen offiziellen Bekanntmachungen am Unterstadttor auch Wandzeitungen, in denen die Massentötungen und Misshandlungen, die in verschiedenen Konzentrationslagern verübt worden waren, gezeigt wurden - äußerst schockierende Bilder aus verschiedenen Lagern: zu Skeletten abgemagerte KZ-Gefangene, Bilder von Reihenerschießungen, von Erhängten und Leichenbergen, Aufnahmen von den Gaskammern, in die SS-Leute die Gefangenen drängten, alles Dokumente zu Gräueltaten, wie man sie sich niemals vorgestellt hatte. Man wusste seit langem von Dachau. „Dachau" war ein Unwort, das man nicht aussprechen wollte vor Angst, dort zu landen. Nicht zuletzt hatte man auch Kenntnis von dem im letzten Kriegsjahr errichteten Außenlager von Dachau bei Überlingen. Die Gefangenen von Überlingen konnte man sogar gesehen haben, wie sie ausgehungert durch die Stadt zu ihrer Arbeit getrieben wurden. Doch niemals stellte man sich Untaten vor, wie sie nun auf den Wandzeitungen dokumentiert wurden.

V. Das Kriegsende

Es dauerte Tage, bis Vater mit seinen Kühen wieder aufs Feld fahren konnte und bis die Kontakte zu Verwandten und Bekannten wieder ohne größere Einschränkungen möglich waren. Zuerst wurde der Kirchenbesuch am Sonntag wieder ermöglicht und war dann der gewöhnliche Anlass, sich mit anderen zu treffen. Bei Kriegsende am 8. Mai war ja Meersburg bereits eine französische Garnisonsstadt geworden, und man hat die Kapitulation der Wehrmacht wie auch schon den Tod Hitlers, wenn überhaupt, so nur zufällig erfahren. Ich etwa und Marianne mussten am Nachmittag des 8. Mai auf unserem Feld an der Uhldingerstraße *„distel-stechen"*. Auf der Straße neben dem Feld fuhren immer wieder französische Autos vorbei. Eines der Autos hatte ein offenes Dach. Eine Gruppe junger Leute schwenkte eine französische Fahne und rief uns zu - wir verstanden es nur teilweise:

„Helo les boches! Victoire! La guerre est finie! Fertig der Krieg!"

15. Der Umsturz

Die Bedeutung, die das Ende des 2. Weltkrieges für Deutschland und für die Deutschen hatte, ist kaum mit angemessenen Worten zu fassen. Für die Franzosen ist dieses Ende: *„la défaite allemande"* - die deutsche Niederlage. Das ist eine Kennzeichnung des Geschehens nur aus der begrenzten französischen Außensicht. Sie ist gewiss nicht falsch. Doch für Deutschland und für die Deutschen, wo das Leben jedes einzelnen Menschen bis in die alltäglichsten Dinge hinein von diesem Geschehen betroffen war, ist sie viel zu eng und undifferenziert. In gewisser Weise könnte ich sogar sagen, dass für meine Familie diese *„Niederlage"* überhaupt nicht stattgefunden hat. Man war froh, dass der ganze Nazispuck und Naziterror endlich zu Ende war und konnte sich gewissermaßen als gerettet empfinden. Dennoch war auch für meine Familie das Kriegsende kein Sieg. Es führte zu einem Umsturz in allen Lebensbereichen, und man sprach dann auch öffentlich viel richtiger von der *„Niederlage"* als dem *„Umsturz"*. Nicht allein die Eroberung von Meersburg durch die Franzosen und die militärische Unterwerfung des ganzen Landes waren das Ereignis, sondern auch alles, was damit verbunden war, weltgeschichtlich aber auch existenziell für den

Einzelnen, dies alles zusammen war der *„Umsturz"*. Als ob damit eine neue Zeitrechnung begonnen hätte, unterschied man dann auch die Dinge *„vor dem Umsturz"* von den Dingen *„nach dem Umsturz"*.

Was war tatsächlich dieser *„Umsturz"* über die nationale, d.h. die militärische und politische Niederlage hinaus? Es war nicht nur der Zusammenbruch des Nazistaats und des Naziregimes und der Zusammenbruch der autoritären institutionellen Strukturen des nationalsozialistischen Herrschafts- und Gesellschaftssystems, sondern auch für jeden Einzelnen, ob er Nazi war oder nicht, der Abstieg in eine Nullexistenz. Das war noch weniger als etwa der Wendepunkt bei einer Revolution. Denn es gab danach überhaupt keinen Lebenshorizont mehr. Keine neue Zukunft stand in Aussicht, es sei denn Besatzung und Fremdherrschaft. Nicht zuletzt verloren die Jugendlichen dabei ihre Lebensperspektive. Die Situation war trostlos. Überall nur Aufgelöstes und Zerstörung. Und das hieß nicht nur, dass die großen Städte in Trümmern lagen, dass die Fabriken nicht mehr arbeiteten und sogar, soweit noch erhalten, demontiert wurden, nicht nur, dass es keinen öffentlichen Verkehr mehr gab und keine autonome Verwaltung. Es gab auch keine Schulen mehr, keine Universitäten, überhaupt keine Ausbildung, keine Produktion und keinen Handel. Der ganze Horizont von all dem war abgesackt. Die

Geschäfte verkauften nur noch Ladenhüter. Überall gab es vielleicht noch Restbestände. Handel mit ihnen war noch das einzige Geschäft. Schwarzhandel und *„Hamstern"* blühten so auf. Man raffte oft unter kuriosen Umständen alles zusammen, was man hatte, um Dinge dagegen einzuhandeln, die man fürs bloße Überleben brauchte, tauschte Handtücher, Tischdecken, Schuhe, Blusen, Jacken gegen Eier, Schmalz, Mehl, Kartoffeln, Äpfel. Die Bauern, die trotz aller Misere weiter lebenswichtige Dinge produzierten, hatten dabei einen Vorteil.

Der Ausdruck *„Umsturz"* suggeriert zwar gleichzeitig, dass eine neue Basis gefunden sei. Er meint an sich nicht nur eine Negation, sondern auch die Freilegung eines neuen Raumes. Dies letztere geschah aber unmittelbar nach dem Krieg gerade nicht. Es gab nur ein Loch als neuen Raum, nur eine Leere, d.h. eigentlich gar keinen Raum mehr, der irgendwie eine neue Aufrichtung in Aussicht stellte. Es gab nur das totale Nichts. Die alten Werte und Lebensvorstellungen waren zugrunde gegangen, die nazistischen, aber auch die vornazistischen etwa aus der *„Weimarer Republik"*, und neue gab es nicht. Es hatten sich zwar die lügnerisch verwegenen Hoffnungen, Erwartungen, Propagandaversprechungen und wahnwitzigen Arrangements der Nazis erledigt. Aber nur ein Nichts war nun an ihrer Stelle zu konstatieren. Nihilismus konnte als das Wort der

Stunde angesehen werden, doch er bedeutete nun eigentlich nur Entwertung, keineswegs auch schon eine Umwertung aller Werte.

16. Die Entnazifizierung

Die desolate Situation wurde indes durch die Bevölkerung nicht radikal genug erfasst. Die Kirchen gaben sich durch den Umsturz fast wie unangetastet. Die Kritik am *„Stellvertreter"* Christi etwa, d.h. am Papst und speziell an seiner Rolle im 3. Reich, erfolgte erst geraume Zeit später und erschien auch da noch, allen Fakten zum Trotz, als eine Anmaßung. Es gab nur wenig Kritik an der *„braunen"* Phase des Freiburger Erzbischofs Gröber. Für viele Nazis wurden die Kirchen ein Auffangbecken, in dem sie ihre politische Unschuld wiederzugewinnen versuchten. Selbst von Heidegger wird berichtet, dass er nach Kriegsende wieder zum Kirchgänger wurde (vgl. E. Fink / J. Patocka, S. 53).

Offiziell wurde durch die Alliierten eine Entnazifizierung eingeleitet. Alle wichtigen Nazifunktionäre sollten ihre Funktionen verlieren und das gesamte öffentliche Leben nazifrei und nicht nur personell, sondern auch in seiner Substanz entnazifiziert werden. Die Verfassung des Landes Baden von 1947 trug dem Rechnung und fordert in Art. 128: *„die Befreiung des deutschen Volkes von Nationalsozialismus und Militarismus"*. Man konnte mit dem Projekt die Hoffnung verbinden, dass nicht nur die ehemaligen Nazifunktionäre aus ihren Ämtern verschwinden würden, sondern dass überhaupt Nazismus als Grundorientierung ausgerottet würde. Nicht zuletzt mussten die schockierenden Bilder aus den Konzentrationslagern, die nun bekannt wurden, zu einer derartig radikalen Säuberung und Neuorientierung Anlass sein. Doch sehr bald wurden die alliierten Maßnahmen in dieser Richtung abgebrochen. Die Masse der betroffenen Personen war zu groß. Und sie haben Aussagen verweigert, ihre Taten geschönt und Dokumente vernichtet. Statt wirklich zu entnazifizieren wurde bei Wiederbesetzung der Ämter eine Art freiwilliges Meldeverfahren eingeführt, bei dem die Bewerber selbst einen Fragebogen auszufüllen hatten, in dem sie die Angaben machten, die ihnen genehm waren und andere unterdrückten. So kam es namentlich im Bereich der Justiz, in der Politik und an den Universitäten zur Wiedereinsetzung vieler ehemaliger Stelleninhaber. Dass selbst der Nazi Dr. Globke, der wichtigste Mitarbeiter des ersten Nachkriegsbundeskanzlers und CDU-Vorsitzenden werden konnte, war ein Freibrief für die nazistische Amnesie. Es gab keine unüberwindlichen Barrieren mehr für die Rückkehr der nazistischen Eliten an die Schalthebel der neu sich konstituierenden Macht. Die Sprache passte sich dieser Situation an. Der Begriff des *„Mitläufers"* wurde eingeführt, in Absetzung vom Begriff *„Täter"* und dem des

„*Mittäters*", die beide nun plötzlich nur noch für sehr wenige Anwendung finden sollten. „*Mit-*", das bedeutete nun: „*notgedrungen, aber eigentlich nicht aus eigenem Antrieb*". „*Mitläufer*" gewesen sein, das konnte man verstehen. Der Begriff diente so nicht mehr nur zur Einordnung und klaren Zuweisung von Verantwortung, sondern eher zur Entschuldigung für vergangene Taten und zu ihrer Bagatellisierung. Verantwortlichkeit wurde klein geredet und als unerheblich dargestellt. Viele Stelleninhaber namentlich im juristischen und im wissenschaftlichen Bereich konnten so jedenfalls nach einer gewissen Wartezeit ihre frühere Position wieder einnehmen. Eine allgemeine grundsätzliche Umkehr und ein wirklicher Neuanfang mussten bald schon als Illusion erscheinen.

In Meersburg waren die wichtigsten lokalen Nazigrößen meist nicht mehr vor Ort. Der vormalige Leiter der Volksschule wurde zunächst strafversetzt. Doch er konnte nach einiger Zeit wieder an seine alte Schule zurückkehren. Sein Heilhitlergruß, den er immer sehr demonstrativ gezeigt und den man entsprechend zu erwidern hatte, war kein Thema mehr. Der Friseur in der Oberstadt, den man oft nur in Naziuniform gesehen hatte, konnte sehr schnell sein Friseurgeschäft wieder aufmachen. Vor allem für den Frauensalon musste man sich nun sogar voranmelden und lange Wartezeiten in Kauf nehmen. Und der Stellvertreter des Bodenseeschuldirektors, Herr Rünzi, wurde im Pädagogium mein Französischlehrer. Nun natürlich ohne die braune SA-Uniform, in der man ihn immer wieder erlebt hatte. Racine, Phèdre behandelte er jetzt etwa in meiner Klasse - Übersetzungsmethode, mit der man nicht sprechen, aber doch die Dinge verstehen lernte. Aufschlussreich auch in Bezug auf den Lehrer - Acte III, scène 3: Phèdre ist weder schuldig, noch unschuldig. Aber warum nur kratzte er sich jeden Augenblick am Hintern? Die hoch angesehene Kunstgalerie Griebert im Alten Schloss konnte es sogar wagen, Naziraubkunst wieder zum Verkauf anzubieten.

„Mitläufer" wollte in Meersburg keiner mehr gewesen sein. Waren viele vielleicht auch nur: *„Mitgänger"*? Aber das ist kein gängiger Begriff geworden. Und außerdem: *„Mitgegangen - Mitgehangen"*, diese Redensart passte nach der lauwarmen Entnazifizierung auch nicht mehr. Was auch immer - Die Nazivergangenheit wurde ohne Skrupel verdrängt, wurde verschwiegen und war bald vergessen.

Eine besondere Tragik ist es, dass selbst die große Philosophie diesen Weg ging. Man hat Heidegger seine Nazivergangenheit verziehen, nachdem sie von den französischen Besatzern zunächst als erhebliche Belastung angesehen worden war. Und erst viel später wurde erkannt, dass das große „*Ereignis*", welches Heidegger mit Hitler wie eine Morgenröte heraufkommen sah, dass das ein philosophischer Wahn war. Bis lange nach seinem Tod hat man die Blendung nicht durchschaut.

17. Der nationale Neuanfang

Schließlich erfolgten auch politisch Veränderungen, die über alle Kompromittierungen hinweg, die aus der kriegerischen Niederlage folgten, ein neues politisches Denken eröffneten. *„Der kalte Krieg"* begann. Es erfolgte die Abtrennung der östlichen Landesteile durch die Sowjetunion und deren Einbeziehung in den kommunistischen Machtbereich. Im Westen erfolgte im Gegenzug dazu die Errichtung liberaler, zwar amerikahöriger aber zugleich demokratisch funktionsfähiger Länder. Man spürte In Süddeutschland nur wenig von der Ost-West-Aufteilung. Was im Osten geschah, erfuhr man meist gar nicht mehr. In der französischen Besatzungszone machte sich verstärkt der Einfluss der französischen Besatzungsmacht geltend. Ziel der Franzosen war eine Angleichung der Lebenssituation in ihrem Bereich an französische Verhältnisse. Die Franzosen förderten dennoch die Entstehung von unabhängigen Bundesländern wie Südbaden und Südwürttemberg und in diesen Ländern die Entstehung föderativer demokratischer Verhältnisse. Das Staatswesen wurde hier neu geordnet. Dabei wurden jedem Bürger staatliche Gewaltlosigkeit und die freiheitlichen Grundrechte verfassungsmäßig garantiert. Die neue Verfassung wurde jedem Schulabgänger in die Hand gedrückt und fand so die nötige Verbreitung. Dass sie auch gelesen wurde, war freilich damit nicht garantiert.

Schließlich gab es im Mai 1949 für das gesamte deutsche Volk das Grundgesetz mit dem überaus wichtigen Katalog der Grundrechte. Es wurde durch die westlichen Bundesländer als verbindlich angenommen. Verbunden mit dem Grundgesetz entstand die Bundesrepublik. Das ganze westliche Deutschland kam damit politisch zu einer neuen und freiheitlichen Grundordnung mit parlamentarischen Strukturen auf allen politisch relevanten Ebenen. Politisch war von da an jedem Einzelnen die Freiheit für die Entfaltung seiner Persönlichkeit garantiert, und er wurde aufgefordert, sich freiheitlich in das gesellschaftliche Leben einzubringen oder zumindest passiv daran teilzunehmen.

Vorbildlich engagierte sich in dieser neuen Situation Vater in der Gemeindepolitik, wobei er allerdings seine frühere Zugehörigkeit zur Zentrumspartei in der Parteiarbeit für die CDU unmittelbar fortsetzen konnte. Die ganze Familie war für dieses Engagement aufgeschlossen. Dabei hatte allerdings die Mutter unter diesem Engagement erheblich zu leiden, da sie Vater die Arbeit etwa auch im Stall abnehmen musste, wenn er wieder und wieder zu einer Gemeinderatssitzung aufs Rathaus musste, oder ebenso beim Obstverkauf und bei vielem anderen mehr.

War mit diesem Neuanfang der Umsturznihilismus überwunden? Die politische Orientierung der Nazis und ihr menschenverachtender Militarismus und Machtwahn galten zwar nichts mehr. Demokratische Spielregeln setzten sich in Westdeutschland in allen Bereichen durch. Doch die Motivation war nicht nur eine demokratische Neuausrichtung der Bevölkerung. Namentlich die Amerikaner erkannten, dass die materielle Notlage, in der sich das Volk am Kriegsende befand, ein schlechter Ausgangspunkt für einen politischen Gesinnungswandel wäre. Auch die Erfahrungen nach dem 1. Weltkrieg lehrten das Gegenteil. So kam es für die westlichen Länder zum *„Marshallplan"*. Sein Ziel war der Wiederaufbau der zerstörten Betriebe und Städte und die Errichtung einer möglichst erfolgreichen Wirtschaft, die ähnlich wie in Amerika marktwirtschaftlich funktionieren sollte. An diese wirtschaftsbetonte Neuorientierung der Politik konnte sich ohne Widerstand eine allgemeine Neuorientierung im Denken und im Verhalten der westdeutschen Bevölkerung anschließen. Doch nicht die demokratische Umkehr blieb dabei das Wichtigste, sondern der materielle Wiederaufbau und das Streben nach persönlichem materiellem Wohlstand wurden vorrangig. Demokratische Spielregeln wurden zwar überall eingeführt, doch mit großem Erfolg nur, weil es marktwirtschaftlich zugleich kapitalistische Spielregeln waren. Das durch die CDU propagierte Konzept einer *„sozialen Marktwirtschaft"* war propagandistisch wichtig doch es diente mit Vorrang einer marktwirtschaftlichen Ausrichtung.

Zwar gab es auch wirtschafts- und damit beschränkt verbunden gesellschaftspolitisch einen wirklichen Neuanfang mit der Währungsreform am 20.06.1948. In den Westzonen wurde die Deutschmark eingeführt. 1 US-Dollar = 3,33 DM. Das Besatzungsgeld, das nach Kriegsende die Reichsmark abgelöst hatte und keine konvertible Währung war, wurde durch diese neue Währung abgelöst, aber auch jeglicher zuvor vorhandene Geldbesitz wurde damit annulliert. Für jede Person gab es 40 DM Kopfgeld. Ich selbst hatte in diesem Augenblick auf meinem Sparbuch ein Guthaben von: 805,32 RM, das ich mühsam Jahre hindurch mit der Sparbüchse angespart hatte. Es war auf einen Schlag nichts mehr wert. Die Eltern erhielten für mich wie jede andere Person 40 DM. Es gab also in diesem Augenblick kapitalistisch eigentlich kein arm und reich mehr.

Alle Menschen standen kapitalistisch vor einem Nichts und waren insofern gleich. Aber trotz dem

Gedanken einer „sozialen Marktwirtschaft" wurde der Marktgedanke und mit ihm Gewinn- und wirtschaftliches Fortschrittsdenken die maßgeblichen operativen Faktoren, und sie bestimmten nach amerikanischem Vorbild die Tagespolitik. So kam es zum „deutschen Wirtschaftswunder", für das neuer wirtschaftlicher Reichtum das maßgebliche Kriterium war. Das bedeutete gegenüber der Ausgangslage bei Kriegsende zwar auch ein Um- oder Aufschwung, der jedoch zugleich Bemühungen zu einer radikalen moralischen Rückbesinnung und zu einer fundamentalen Kehrtwende in Bezug auf die Vergangenheit verhinderte.

Eine allgemeine grundlegende Bewusstseinsänderung, wie sie etwa der Philosoph Karl Jaspers forderte, blieb in Ansätzen stecken. Seine Schrift über „Die Schuldfrage" war zwar die Ermutigung für eine Neuorientierung des politischen Denkens. In Hinsicht auf die Vergangenheit keine Kollektivschuld anzuerkennen, sondern nur die Verantwortlichkeit des Einzelnen, das war für alle Zeitgenossen eine Befreiung. Diese Verantwortlichkeit des Einzelnen konnte zwar auch aus den neuen Länderverfassungen und aus dem Grundgesetz für die Bundesrepublik herausgelesen werden. Doch es kam in Bezug auf die Vergangenheit dennoch statt zu einer radikalen Säuberung nur zu einer Minimalisierung vergangener Verantwortlichkeit und statt zu einer Entschuldigung der ehemals Verantwortlichen nur zu Verdrängung und Leugnung und zu keinem grundsätzlichen moralischen Neuansatz.

Der Umsturz also, das war zunächst national der totale Zusammenbruch. Darauf folgte viel Neues, aber in Bezug auf die Vergangenheit nicht die erwartbare moralische Umwendung. Bedeutend war natürlich auch, dass der Zusammenbruch nicht unverschuldet war. Die Deutschen hatten den Krieg begonnen und in die ganze Welt getragen. Die Welt hat dagegen aufbegehrt und Deutschland für das geschehene Unheil aus der Völkergemeinschaft ausgeschlossen und ausgegrenzt. Diese Ausgrenzung zu überwinden war ein wichtiges Ziel der westdeutschen Nachkriegspolitik. Es wurde erreicht durch die Aufnahme Deutschlands in die UNO 1955, d.h. erst 10 Jahre nach deren Gründung und nach dem Kriegsende. Das war allgemein ein wichtiger Schritt in Richtung auf eine neue politische Orientierung. Was hätte nach der Nazizeit Besseres erstrebt werden können als die Einordnung unter die Nationen der Charta der Vereinten Nationen? Die Alternative wäre der Rückfall gewesen in den gescheiterten Nationalismus. Dafür gab es auch in der Meersburger Nachkriegsbevölkerung keine Unterstützung. Doch der Vorgang erschien den Leuten, sofern er überhaupt wahrgenommen wurde, als eine Selbstverständlichkeit. Und alles war so weit weg im fernen New York, was hatte man damit zu tun? Man war zwar vor Ort bürgerlich politisch engagiert, doch kaum europäisch und schon gar nicht global...

18. Der Umsturz in Meersburg

I. Neuanfang des politischen Lebens

Wie der Umsturz in Meersburg konkret vollzogen wurde, ist ein weitgehend vergessenes Kapitel der Stadtgeschichte. Den hauptsächlich Kriegsgeschädigten, die den Vater oder den Sohn im Krieg verloren hatten - 110 Kriegsgefallene bei einer Einwohnerzahl von 2500 -, blieb nur der Schmerz über den Verlust und wenn sie weiter dachten, die bittere Gewissheit, dass ihr Angehöriger für einen politischen Wahn gestorben ist, der vom eigenen Volk unterstützt wurde. Sie konnten auf dem Friedhof noch eine Weile die hölzernen Gedenktafeln besuchen, die sie selbst auf dem Familiengrab gewissermaßen als eine Grabattrappe anbringen ließen. Eine Entschädigung für den Verlust gab es geraume Zeit nicht. Unter den aus dem schrecklichen Krieg wie aus einem Alptraum aufgerüttelten Bürgern vollzog sich vielleicht bei manchem eine Rückbesinnung, doch vielfach wollte man einfach nichts mehr mit der Vergangenheit zu tun haben und machte kein Aufsehen mehr darüber.

Aber es traten nun endlich auch frei die Nazigegner und allgemein die Demokraten in Aktion. Man rief zu Versammlungen auf etwa auch zur Parteigründung oder Parteineugründung und das sogar, da alle größeren Versammlungsräume durch die Franzosen beschlagnahmt waren, im Freien. Jeder konnte sich dabei mit der von ihm vertretenen Position vorstellen. Unvergesslich bleibt für mich eine solche offene Versammlung beim Gasthaus Schützen, wo vor allem Karl Raichle auftrat und eine sehr leidenschaftliche Rede hielt für Demokratie und dann für die Neugründung der kommunistischen Partei. Er, Karl Raichle, der heimliche und fast täglich kontaktierte Antinazifreund des Vaters unmittelbar aus der Nachbarschaft. Er also ein Kommunist, ein Erzkommunist und so also ein Erzfeind des Zentrums in der Weimarer Zeit, der Partei also, zu der sich Vater seit seiner Jugend zugehörig fühlte und die nun in der CDU neu erstehen sollte. Die Mutter hatte im Laufe der letzten Jahre eine ganze Sammlung von wunderbaren Kupfer-, Messing- und Zinntellern von ihm bekommen - er war ja von Beruf Zinnschmied - künstlerische Freundschaftsgeschenke, die nun einer seltsamen Umwertung unterlagen.

Während die meisten ehemaligen Nazianhänger politisch nicht mehr in Erscheinung traten, gab es also nun die Demokraten, die sich für die neuen

bzw. die neu zugelassenen Parteien engagierten.
Und sogleich taten sich zwischen ihnen unüber-
windbar scheinende Gräben auf. CDU-Leute und
Sozialdemokraten konnten sich nicht verständigen,
und die Liberalen tickten sowieso immer anders und
ließen sich möglichst nicht festlegen, auch nicht
einmal auf ihre Parteizugehörigkeit. Jeder, der sich
nun politisch hervortat, wurde notgedrungen ein
Kämpfer für seine Sache und musste einen großen
Anteil seiner Energie und seiner Zeit für seine
politische Tätigkeit aufwenden. Es mussten zeit-
raubend demokratische Spielregeln eingeführt werden, und jeder musste erst lernen, überhaupt
demokratisch um Erfolg zu kämpfen. Öffentlichkeit
musste sich neu konstituieren. Das geschah großenteils in Vereinen. So also auch für Vater, namentlich
als er in verschiedenen landwirtschaftlichen Verbän-
den Vorsitzender wurde. Der sonntägliche Früh-
schoppen nach dem Gottesdienst war gesellschaftlich konstitutiv.

Der Neuaufbau des politischen Lebens nach dem
Krieg war ganz entscheidend die Leistung dieser
meist unentgeltlich sich engagierenden politischen
Streiter der ersten Nachkriegszeit. Und die neue
Demokratie war kein unschuldig betretbares Neu-
land, sondern musste sich gegenüber der über-
wundenen aber dennoch nach wie vor belastend
präsenten Vergangenheit durchsetzen. Unzählige

persönliche Voreingenommenheiten mussten überwunden werden, und es war nie einfach ein gemeinsames Wollen zu formulieren. Die Erfahrungs- und Informationsdefizite, die durch die Nazizeit verursacht waren, blieben oft ein großes Hindernis. Dazu kam der Egoismus eines jeden, der vielfach stärker war als das Interesse am Gemeinwohl.

II. Die beiden ersten Nachkriegsbürgermeister

Eine erste große Demokratieprobe war in Meersburg die Einsetzung des ersten Bürgermeisters nach dem Krieg. Der Kandidat der Franzosen war Dr. Bruno Helmle. Er wohnte mit seiner Frau in unserer Nähe. Doch er war kein Meersburger. Er war jüngst zugezogen, und wir kannten ihn nur vom Sehen. Für die CDU-Leute war jedoch wichtig, dass er praktizierender Katholik war und angeblich ein ehemaliger Zentrumsmann und zu allem hin ein sehr erfahrener hoch gestellter Finanzbeamter. Er wurde am 14.06.1945 durch die Franzosen zum ersten Nachkriegsbürgermeister ernannt. Doch die französische Behörde stieß bei ihm bald schon auf zweifelhafte Angaben in seinem Entnazifizierungsfragebogen. Nicht nur da, auch später noch hat er verschwiegen, wie man erst viel später erfuhr, dass er seit 1937 Mitglied der NSDAP war. Die Franzosen beharrten auf ihren Zweifeln an seinen Angaben und beabsichtigten schließlich, ihn als Bürgermeister zu suspendieren. Er kam dem Vorgang durch einen Rücktritt, wie es hieß aus Gesundheitsgründen, zuvor. Äußerst verwunderlich war für die Meersburger, dass er kurze Zeit später Oberbürgermeister von Konstanz wurde und als solcher unbestritten größte Anerkennung genoss, bis nach Jahren seine tatsächliche Nazivergangenheit aufgedeckt und seine politischen Betrügereien entlarvt wurden. Die Meersburger Politiker, zu denen mein Vater gehörte, waren die ersten gewesen, die sich durch ihn blenden ließen und mit ihren großen Erwartungen auf ihn hereingefallen sind.

Warum kam er nach dem Krieg überhaupt nach Meersburg, in dieses verlorene kleine Nest am Rande aller größeren politischen Möglichkeiten? Gewiss war dabei von Bedeutung, dass seine Tante, Luise Ehinger, hier einen Bauernhof hatte - man hatte ja als Städter nichts mehr zu essen. Und Frau Ehinger war dazu eine gut katholische, angesehene Frau und ohne Nazivergangenheit. Auch deshalb sprach man nach seinem Abgang in Meersburg von der Personalie überhaupt nicht mehr. Es war politisch ein Desaster, dass es in dieser wichtigen Phase keine bessere Lösung für die neue politische Situation gab.

Das war also zunächst der Meersburger politische Umsturz. Und was folgte, war ebenso, wenn auch auf andere Weise ein besonderer Fall. Schon 1 Jahr nach Helmle musste also ein neuer Bürgermeister bestimmt werden. Der wurde nun Dr. Otto Ehinger. Er war schon Gemeinderat und stellte sich der Kandidatur als Liberaldemokrat. Er war allein schon deshalb nicht der Kandidat meines Vaters. Er kannte ihn aber sehr gut, denn Dr. Ehinger betreute während des Krieges als Tankwart die einzige Meersburger Tankstelle. Sie befand sich nahe bei der Fähre fast mitten in den Reben des Markgrafen. Vater traf ihn dort bei der Arbeit regelmäßig, auch um für seine Rebspritze bei ihm Benzin zu tanken. Er war mit ihm in Bezug auf die Gegnerschaft zu den Nazis wohl einig. Doch sonst gab es zwischen ihnen wenig Gemeinsamkeiten. Was Vater besonders störte, war, dass man nicht wusste, wo er religiös stand. Er war auf jeden Fall für einen Zentrumsmann kein Mitstreiter und nicht die Wahl.

Doch er wurde der demokratisch akzeptierte Repräsentant der Stadt. Und deshalb ist sein sehr buntes persönliches Profil auch aufschlussreich in Hinsicht auf die Einstellung der Bevölkerung. Er war ausgebildeter Jurist, jedoch ohne einen entsprechenden Beruf auszuüben. Er war Inhaber der wunderbar gelegenen und wohl ältesten Villa am Ort auf dem Ödenstein und vermietete Fremdenzimmer, aber nicht an jedermann. Er war Mitbesitzer des Hotels Hecht, Mitbesitzer der Brauerei und des Gasthauses zum Schützen und der zugehörigen Landwirtschaft, einer Landwirtschaft mit Pferden, die bei Beerdigungen auch den Leichenwagen zum Friedhof fahren mussten, kurz ein Mann des Geldes, der hinter vielen Dingen stand, ohne dass man jedoch je sah, welche Funktion er verantwortlich in all den Betrieben ausübte.

Und neben all dem war er Schriftsteller. Man wusste nicht mehr oder auch immer noch nicht, dass er mit Fritz Mauthner befreundet gewesen sein soll. Zu lange war der schon tot (1923) und auch nach der posthumen nazistischen Verfemung, also nach dem Krieg, nie offiziell rehabilitiert worden. Auch die 1. längst wieder geschiedene Ehe Ehingers mit der russischen Malerin Szarduska war nicht mehr bekannt. Und auch von den beiden Söhnen wusste man nichts. Wofür stand er? Was war seine Gesinnung?

Ehinger verkörperte zweifellos seinen Besitz und war durch ihn an Meersburg gebunden. Er war bis dahin nie ein im Gemeindeleben verwurzelter oder gar populärer Bürger gewesen. Er bestand in jeder Hinsicht, wie er selbst sagte, auf *„künstlerischer Freiheit"*. Man nannte ihn: *„Dr. Schlaule"*, denn er galt als ein Mann, der mit allen Wassern gewaschen war. Sein schillerndes liberales Porträt also, wie es wohl kein anderer Mensch vor Ort aufzuweisen hatte, galt für viele seiner Mitbürger in der aussichtslosen politischen Lage nach dem Krieg als eine Hoffnung.

Ein politischer Umsturz in der Gemeindepolitik war von ihm nicht zu erwarten. Am wichtigsten war, dass er ohne große Verrenkungen an die Politik des nach wie vor hoch angesehenen Bürgermeisters Dr. Moll anknüpfen konnte. Die neue Fokussierung auf den Tourismus, die er verfolgte, entsprach dessen Konzept, und es war mehr denn je gewinnorientiert. Sozialpolitische Erwartungen waren fehl am Platz und noch mehr irgendwelche christlich moralischen Skrupel. Vater hat die fragwürdigen Segnungen dieser Politik in den Dreißigerjahren bereits am eigenen Leib erfahren. Was ihn aber nun besonders anwiderte, war, dass er erkannte, wie hemmungslos gewisse Leute sich nun der Stadt bedienten. Nicht die demokratische Anerkennung und Berücksichtigung aller in der Gemeinde gegebenen Diversitäten waren das allgemein erkennbare Ziel des politischen Handelns, sondern persönliche Opportunitäten, die gemeindepolitisch vielleicht gerechtfertigt werden konnten, aber nicht nur zufällig auch bestimmten Einzelinteressen dienten. Vater war in verschiedenen Gremien für den Rebbau und die

Landwirtschaft der zuständige Vertreter. In beiden Bereichen fand er nur wenig gemeindepolitische Unterstützung. Auch die Schule bildete kein bevorzugtes Interessengebiet. Die Bodenseeschule war aufgelöst. Es gab keine weiterbildende Oberschule mehr vor Ort. Und die Volksschule war zusammen mit der Berufsschule provisorisch in der ehemaligen Mädchenschule untergebracht und hatte an manchen Tagen die Räumlichkeiten im Schichtunterricht mit der Berufsschule zu teilen. Sehr ärmlich war die Ausstattung: enge mit Tintenklecksen verschmutzte Reihenbänke, überhaupt keine Unterrichtsmaterialien. Absolut widerlich war der Zustand der Toiletten. Das war natürlich teilweise der Nachkriegsnotlage geschuldet. Doch für die Gemeindepolitik waren auf jeden Fall andere Probleme wichtiger.

Die Amtszeit von Dr. Ehinger dauerte nur 2 Jahre, 1946-1948. Aber es waren wichtige Nachkriegsjahre, in denen Weichen für die Nachkriegsentwicklung der Stadt gestellt wurden. Für gewisse Leute blühte die Stadt in dieser Zeit auf. Nicht zuletzt vermehrten sich die privaten Fremdenzimmer, Schnellgaststätten und die Andenkenläden. Der Boom für den Tagestourismus setzte ein. Bald schon kam die Stadt nicht mehr nach, für die vielen PKWs und Busse, die täglich eintrafen, die nötigen Parkplätze zu schaffen. Plötzlich Touristenhorden auf der Seestraße, in der

Unterstadt, auf der Steigstraße, auf dem Marktplatz und am Känzele. Ein ständiges Hin und Her von und zu den Parkplätzen mit Müllablagen an jeder Ecke. War dieser Neuanfang wirklich ein Segen? Für manche, für andere gewiss nicht und auch nicht für die Moral der Bewohner. Ich war mir mit meiner Unterstädtler-Cousine Franziska darüber einig, dass diese neue Nachkriegssituation die Mentalität eines großen Teils der Einwohner beeinflusst hat, auch die von Franziska. Sie bekam die Chance, zusammen mit ihrem kriegsversehrten Mann einen Zeitungs-kiosk an der Schiffslandestelle zu errichten und hatte damit größten Erfolg, war also unter den Gewinnern. Doch sie erkannte: Das, was bei vielen mehr und mehr nur noch zählte, war das schnelle Geld. Die Stadt mit ihren Bauten, ihrer Geschichte und ihrer Kunst wurde zur Geschäftsgrundlage und war mehr denn je nur noch profane Kulisse und Zweck für dieses allerdings schon in der Nazizeit angelegte Geschäftsmodell. Mit dem See zusammen war die Stadt nun mit einer bereits hinlänglich mo-dernisierten Infrastruktur und ohne Kriegszer-störungen ein äußerst profitabel zu nutzender Markenartikel. Das war kein Aufbruch, wie er nach dem unseligen Nazikrieg zu erhoffen war. Ein Glück für die Profiteure, ein ernüchterndes Ärgernis für andere. Allerdings, die französische Besatzung dau-erte zunächst noch fort und erlegte gewisse Zwänge auf. Sie wurde jedoch mit dem neuen touristischen Erfolg bald zur Episode.

Man sah in dieser neuen Situation offenbar auch keinen Anlass, alte Nazigeschichten neu aufzurollen, obwohl es bei einem Bürgermeister, der Jurist und kein Nazi war, zu erwarten gewesen wäre. Es gab gewiss, wenn auch meist verschwiegen, in Bezug auf das Geschehene ein gewisses Unrechtsbewusstsein bei vielen Bürgern. Bereits 1945 bis 1948 gab es in Dachau die von den Amerikanern geführten Dachau-prozesse gegen meist deutsche KZ-Leute. Sie führten zu 426 Todesurteilen. Die Prozesse stießen deutscherseits auf breite Kritik, an der man sich vermutlich auch in Meersburg beteiligte, wo Dachau nicht zuletzt wegen dem Überlinger Nebenlager noch nach dem Krieg als ein Unort galt.

Mit von der Partie waren beim Neuanfang in der Politik in der Stadt nach dem Krieg nicht zuletzt auch die Ehefrauen der Politiker. Sie hatten die Zu-mutungen der Nazizeit überstanden und dabei gewiss an Einsicht in die Notwendigkeiten der Stun-de und an Selbstbewusstsein gewonnen. Sie waren nun Mitstreiterinnen und Mitträgerinnen von demo-kratischer Verantwortung, ohne dass sie jedoch eine offizielle Funktion hatten. Überall, wo ihre Männer aufgrund ihres politischen Einsatzes keine Zeit mehr hatten, mussten sie einspringen und die Männer-arbeit ausführen. Doch sie blieben im Hintergrund, waren gesellschaftlich nicht anerkannt, haben aber den Neustart entscheidend mit ermöglicht. Und diese Frauen waren auch keine *„Trümmerfrauen"*, wie es sie in den zerstörten Städten gab, wo die Frauen für ihre Trümmerarbeit durch irgendwelche Vergünstigungen kompensiert wurden. Die Leistung der Frauen war ein Einsatz für die Sache, die ihre Männer nun endlich in Freiheit verfolgen konnten, war eine Männersache ohne entsprechende Würdigung.

19. Der Persönliche Umbruch

„Jedermann erfindet sich früher oder später eine Geschichte, die er für sein Leben hält." (Max Frisch)

I. Die familiäre Perspektive

Der Umsturz hatte in meiner Familie auf den ersten Anschein hin geringere Auswirkungen als in vielen anderen Familien. Haus und Hof blieben unversehrt erhalten, d.h. für die Eltern gab es in der Landwirtschaft unverändert dieselbe Arbeit. Und wir hatten keine Hungersnot. Und man ging auch wie immer weiterhin regelmäßig in die Kirche, und ich war weiter Ministrant. Einzig vielleicht, dass der Bruder, man wusste nicht wo, irgendwo in Frankreich wohl in Gefangenschaft war. In Frankreich war er zuletzt Soldat gewesen, Besatzer auf der Gegenseite. Man hatte schon lange keine Nachricht mehr von ihm und war nun nach Kriegsende noch besorgter denn je. Doch seine Abwesenheit änderte am heimischen Erleben des Kriegsendes nichts. Trotz der familiär erträglicheren Situation war klar, dass man die eingetretene Katastrophe und all ihre

Folgen voll mitzutragen hatte. Was das bedeuten sollte, wussten vor allem die Eltern, die schon den Ersten Weltkrieg und seine Folgen miterlebt hatten. Dass man sich keiner Schuld an der neu entstandenen Katastrophe anzuklagen hatte, änderte nichts.

Für mich war der bis zum Kriegsende eingeschlagene Weg nun nicht mehr da. Meine Schule gab es nicht mehr. Zunächst wusste ich ebenso wie alle anderen überhaupt nicht, wie es mit dem Leben weitergehen konnte. Ich musste zwar mitarbeiten in der elterlichen Landwirtschaft. Aber ich hasste die Landarbeit. Speziell mit den Kühen herumfuhrwerken, beim Pflügen etwa oder auch im Stall, das alles war mir ein Gräuel. Wo immer es ging, drückte ich mich. *„Du fürchtest dich vor dem Dreck"*, warf man mir vor, und das stimmte. Ganz schlimm war es einmal, als ich den Stall ausmisten musste. Ich hatte den Mistkarren gefüllt und zur Miste hinter dem Haus gefahren. Ich stellte mich auf den Mauerrand der Miste, schickte mich an, mit der Mistgabel - eine Ladung nach der anderen - den Wagen zu leeren. Schon beim ersten Anheben der voll beladenen Mistgabel verlor ich das Gleichgewicht und stürzte in den Misthaufen. Voll verdreckt vom stinkenden Mist und der Gülle, schmiss ich die Gabel weg und eilte ins Haus, um mich zu waschen. Ich war wütend auf meine Eltern. Wie konnten sie mir so eine Arbeit auftragen? Sie wussten längst, dass ich für den Bauernberuf nicht taugte.

Nach einiger Zeit konnten wieder Bücher gekauft werden. Frau Marschall am Schlossplatz hatte ein Schaufenster, wo man das sah. Goethe, Faust I und Goethe, Faust II und Schiller, Wallenstein, nicht als gebundene Bücher, sondern in großformatiger Zeitschriftenform. Ich habe alle drei *„Bücher"* gekauft, sah, jedes Buch hatte die behördliche französische Imprimatur. Ich saß dann Stunden in meinem Zimmer, um in Texten zu lesen, die ich kaum verstanden habe. Faust I, die Gretchenstory, die konnte ich nachvollziehen. Denn es gab eine Schulkameradin, die Mangold, die erwartete ein Kind und wurde dafür von allen verachtet. Keiner wollte mehr mit ihr reden. Doch Faust II habe ich Zeile für Zeile mir gewissermaßen vorbuchstabiert und schon sprachlich vieles kaum verstanden:

1. Szene *„Anmutige Gegend"*. *„Anmutig"*, was soll das heißen? Ich habe mich nach meinen Lektüreversuchen erkühnt, meinen Eltern zu sagen: Ich möchte Schriftsteller werden. Sie waren überrascht. Und sie fanden das unsinnig und fürs Leben ohne Hand und Fuß. *„Du musst etwas Richtiges Lernen"*, meinten sie.

Aber was war jetzt für mich beruflich die Alternative? In der Hoffnung, dass vielleicht doch wieder eines Tages eine schulische Weiterbildung möglich würde, schickten sie mich zum Privatunterricht in Englisch und Französisch zu Frau Thrien, einer durch das Kriegsende arbeitslos gewordenen Dolmetscherin. Das hat nicht verhindert, dass ich überhaupt die Lust auf Schule verlor. Vater hätte gerne gehabt, dass ich meine schulische Ausbildung im neu eröffneten Jesuitenkolleg in Feldkirch fortgesetzt hätte, das von den Nazis geschlossen worden war und nun im neu erstandenen Österreich bald nach Kriegsende wiedereröffnet wurde. Es gab ein ernsthaftes Gespräch darüber zwischen meinen Eltern und dem Kaplan. Doch bis zur Bockigkeit weigerte ich mich. Mit schuld daran waren natürlich auch die Freunde aus der Nachbarschaft, von denen ich mich nicht erneut wieder absondern wollte. Nach einer fast einjährigen Schullosigkeit wurde in der ehemaligen Mädchenschule, die meine Mutter schon besucht hatte, die Volksschule wiedereröffnet. So konnten die Freunde im Unterschied zu mir fast wie selbstverständlich ihre schulische Laufbahn fortsetzen. Wegen ihrer nazistischen Vergangenheit gab es überhaupt keine Aussicht, dass die Bodenseeschule je wieder eröffnet würde. Außerdem war ja das Gebäude durch die Franzosen besetzt. Statt auf ein Gymnasium in Konstanz überzuwechseln, zog ich es vor, mit meinen Freunden wieder in die Volksschule zu gehen. Keine Ausgrenzung mehr wie in den vergangenen Jahren. Das bedeutete aber einen beträchtlichen Perspektivenwechsel.

Ich war zwar nun in der Volksschule ein sehr guter Schüler und bekam die allerbesten Noten. Aber das war keine Wegweisung mehr für die Zukunft. Meine Freunde hatten alle handwerkliche Berufswünsche. Einer wollte Metzger werden, ein anderer Drechsler, ein Mädchen Friseuse. Ich hatte nun Lust, Gärtner zu werden. Und ich ergriff zu Hause bereits die Gelegenheit, mich um den Blumengarten der Mutter zu kümmern. Außerdem wollte ich wie meine Freunde nun erst einmal die in der Kriegszeit verweigerten jugendlichen Freuden genießen, Geburtstage feiern oder an der erneut wieder stattfindenden Fastnacht teilnehmen, gelegentlich in eine Bar gehen und anderes mehr. In diesem Sinn veränderte sich auch mein alltägliches Verhalten. Ich wurde *„hofärtig"*, so kritisierte mich die Mutter, *„eingebildet"* sagten andere, die mich nicht mochten. Beim Friseur ließ ich mir eine Stirnlocke brennen und stylte die Haare mit Brillantine. In den Reben und auf dem Feld musste ich zwar weiter mitarbeiten. Doch da ich ja nun selbständig eine berufliche Laufbahn vor mir sah, gestand man mir größere Freiheiten zu. Im Verhältnis zur Kirche bekam ich mit den Eltern nun allerdings ernsthafte Schwierigkeiten. Ich blieb zwar weiter Ministrant.

Doch die jährliche Familienwallfahrt nach Birnau, die die Eltern ja erst nach der Wiedereröffnung des Klosters nach dem Krieg wieder aufnehmen konnten, wollte ich auf keinen Fall mehr mitmachen. Auch dass mich Vater wütend deshalb prügelte, half nichts. Am Sonntagnachmittag mit den Freunden an den Strand baden gehen war für mich wichtiger als alles.

II. Rückkehr des Bruders aus dem Krieg

(Vergangnes fällt wie braunes Laub und Wind? Günter Eich)

Im Spätsommer 1945 kehrte Rudolf aus dem Krieg zurück. Plötzlich stand er im Stall, wo Vater gerade die Kühe striegelte. Er rief die Familie. Und alle stürzten in den Stall, um den Rückkehrer zu begrüßen. Danach am Küchentisch die Fragen: Wie? Woher? Seit wann? Du bist mager geworden?

Er hatte eine lange Odyssee hinter sich. Gegen Ende seines Kriegseinsatzes in Frankreich kam er in amerikanische Gefangenschaft und war zuletzt im Gefangenenlager Remagen. Das Schlimmste, was er mit dem Krieg erlebt hat, geschah, wie er sagte, dort: Hungersnot, Krankheit, Unterkunft in Erdlöchern, Massen von Gefangenen eingepfercht in Stacheldrahtverhauen. Das war noch nicht verarbeitet. Er wollte nicht mehr weiter davon sprechen. Schließlich war er also von den Amerikanern entlassen worden. Der Krieg war zu Ende. Aber danach im ganzen Land das Nachkriegselend. Wie konnte es da weitergehen? Wie da nach Hause, wie an den Bodensee kommen? Er war mittellos und befand sich in einer Gegend, die er nicht kannte. Es gab keine öffentlichen Verkehrsmittel, keine Behörden außer der feindlichen amerikanischen Besatzung und dann nach Süden eine unüberwindbare Zonengrenze zwischen der amerikanischen und der französischen Zone. Keine Post, kein Telefon. Aufs Geratewohl machte er sich mit einem Kollegen auf und schlug sich mit Gelegenheitsarbeit durch von Bauernhof zu Bauernhof Richtung Süden. Schließlich kam er irgendwo im Schwäbischen zu einem Bauer, der ihn als Arbeitskraft schätzte und behalten wollte und wo er selbst geneigt war zu bleiben. Von dort kam er nun schließlich wieder nach Meersburg.

Für die ganze Familie sowohl vater- wie mütterlicherseits war seine Rückkehr ein freudiges Ereignis, auf das man stolz war, bei einigen Tanten auch vermischt mit Neid, denn er war der erste Rückkehrer von den sechs etwa gleichaltrigen Cousins, die auch im Krieg waren. Aber auch in der eigenen Familie erzeugte die Rückkehr keine ungeteilten Gefühle. Während seiner mehr als 3-jährigen Abwesenheit hat sich nicht nur zu Hause vieles geändert, sondern auch er war ein anderer geworden. Vieles an ihm war nicht mehr vertraut. Er kam fast als ein Fremder zurück. Er hatte Kriegserlebnisse, die für uns, die wir nur die Heimat kannten, gar nicht vorstellbar waren und über die er ostentativ nicht sprechen wollte. Traumatisiert sei er, sagte er einmal. Wir verstanden gar nicht, was das bedeutet. Es gab einen Mangel an Einfühlung unsererseits, Distanz seinerseits. Hätte er erzählt, wie er auf seinen LKW-Munitionsfahrten vielleicht einen Angriff überstanden hat oder wie er selbst geschossen hat, so hätten wir vielleicht versucht, ihn zu verstehen und wären ihm damit näher gekommen. Doch anstelle dessen gab es nur nackte Ortsangaben zu den Einsatzstätten: Paris, Lyon, Marseilles, Normandie.

Er war jedoch nun auch als der älteste Bruder zurück gekommen, der den landwirtschaftlichen Betrieb einmal übernehmen sollte, ähnlich wie der Vater es tat von seiner Mutter. Und er war das erfahrenste und arbeitsfähigste Familienmitglied und ein unbestrittener Gewinn, was sogleich sehr wichtig wurde, weil sich Vater sehr zeitaufwendig in der Politik engagierte. Er hatte vom 1. Tag seiner Rückkehr an eine hervorgehobene Position in der

Familie, an der sich die Geschwister mit ihren Anliegen nicht vorbeimanövrieren konnten. Ganz speziell galt das für mich.

III. Fastnacht 1946

Der Winter 1946 war hart und schneereich. Schlittenfahren, das war das große Vergnügen. Selbst die Großen gingen an den Wochenenden und an manchen Abenden auf Fahrs Wiese oder zum Hobichel oder zum Himmelbergwegle schlitten-fahren. Die tollste Piste war die Steigstraße. Sie war gefährlich und wahrscheinlich verboten, mitten in der Stadt. Sie war nur nachts für die Älteren zugänglich bei Straßenbeleuchtung, und wenn es keine Fußgänger mehr gab. Meine Freunde kannten Fritz Mattes, der schon nicht mehr im Krieg gewesen war und immer für irgendwelche Abenteuer zu haben war. Mit ihm und einigen anderen gingen wir an einem Abend mit unseren Schlitten zur Steig. Aber jeder von uns durfte zuerst nur zuschauen und dann erst einzeln bei jemandem mitfahren. Starten am Marktplatz und dann hinuntersausen mit immer größerem Tempo, die Kurve am Bärenbrunnen vorbei und am Kino die zweite Kurve bis hinunter zum Wilden Mann. Es war aufregend, zu steil die Piste und stellenweise vereist. Ich hatte Angst, dass

Fritz mit mir nicht unten im See landete, wo es damals noch kein Geländer gab...

Es war danach nicht mehr lange bis zur Fasnet, die nun erstmals nach dem Krieg wieder stattfinden sollte. Ich hatte keine große Lust darauf, obwohl die Klassenkameraden ihre Erwartungen kaum noch zügeln konnten. Schon beim Schlittenfahren war fast nur noch davon die Rede.

Ich konnte mich noch an die Letzte Fasnet vor dem Krieg erinnern. Die Eltern hatten für uns Kinder Narrenhäs besorgt, um mit uns am Rosenmontagsumzug teilzunehmen, für meinen Bruder Siegfried ein *„Hänsele"*, für mich ein *„Rotkäppchen"*, d.h. einen roten Rock, eine weiße Bluse, ein schwarzes Mieder mit einer Silberkordel und eine rote Rotkäppchenmütze. Ich hasste diese Aufmachung vom ersten Augenblick an und warf meinen Eltern vor, mir nicht auch ein Hänsele gekauft zu haben, obwohl mir das ja auch nicht sonderlich gefiel. Überhaupt sich verkleiden erschien mir als etwas Seltsames und die Fasnet als etwas ganz und gar Blödsinniges. Als wir uns schließlich am Rosenmontagmittag fertig gemacht hatten, um zum Umzug zu gehen, versteckte ich mich im Holzschopf und dachte, dass man mich dort nicht finden würde. Der Vater fand mich dennoch. Aber weil es schließlich aufgrund meiner Bockigkeit zum Umzug schon zu spät war, gingen wir nur noch zu Karline in die Unterstadt, und ich hoffte, mich in meinem seltsamen Aufzug weiter niemandem zeigen zu müssen.

Aber diese neue Fastnacht fand ja nun unter anderen Bedingungen statt. Und es gab eine ganze Reihe von vorgesehenen Veranstaltungen, bei denen die Teilnahme lustig werden konnte. Der Narrenpolizist - es war Fridolin Volz - ist in seinem Polizistenhäs und mit seiner Schelle in der Stadt herum gelaufen und hat das Programm bekannt gemacht.

Die erste Großveranstaltung war das Narrenbaumsetzen am Vorfastnachtssonntag. Ein alter Brauch, der an sich den Beginn der Narrenherrschaft in der Fasnet bedeutete, doch nun, wo die Stadt immer noch von den Franzosen besetzt war, nur ein auf das Stadtzentrum begrenztes Spektakel war. Eine 30m-Tanne wurde mit närrischer Musik und viel Getöse von einem Pferdefuhrwerk durch die Stadt gezogen, zuerst durch die Ober - dann kurvenreich durch die Unterstadt und wieder hinauf zum Marktplatz. Dort wurde sie, angefeuert durch „Narri-narro" rufe von allen Seiten, durch Zimmerleute - den Schmäh erkannte ich darunter - aufgerichtet. Sie war bis auf den Wipfel vom Geäst befreit und in der Krone mit

Farbbändern geschmückt. Der Stamm war glatt gehobelt und eingeseift. Auf halber Höhe gab es einen Gabenkranz mit Würsten und sonstigen Begehrlichkeiten. Sowie der Baum aufgerichtet war, wurde er freigegeben zum Hinaufklettern und zur Eroberung irgendwelcher Beutestücke vom Gabenkranz. Viele Versuche scheiterten. Zuletzt schaffte es nur der Walmerle bis zur Kranzhöhe. Und er riss eine große Wurst vom Kranz und andere Dinge, die er - entgegen allen Regeln - alle den Versagern unten um den Baum herum zuwarf.

Die nächste öffentliche Veranstaltung war die Katzenmusik um 5 Uhr morgens am Schmotzigen Donnerstag (Schmotz heißt nicht: Schmutz, sondern Schmalz, wegen dem schmalzgebackenen Kiechlen, die es an diesem Tag gibt). Das war eigentlich für uns Halbwüchsige die Hauptveranstaltung, bei der wir unter uns blieben, da so früh auch die Fastnachtsnarren, wenn sie am Vorabend tanzen gegangen sind, noch nicht auf den Beinen waren. Wir versammelten uns schon vor 5 Uhr auf dem Marktplatz, zu einer Stunde also, wo man nur Katzen antrifft - deshalb Katzenmusik. Jeder hatte einen blechernen Kochtopf dabei, einen Topfdeckel und einen stählernen Schöpflöffel. Und unter jedem Hauseingang zuerst in der Vorburggasse, dann auf der Fülle und bis hinter das Obertor klopften wir auf unseren Kochtöpfen herum und erzeugten ein höllisches Gekläpper. Meistens entzündete sich dann hinter der Haustür ein Licht. Die Tür öffnete sich, und man schrie uns nach: *„Freches Gesindel! Unverschämt. Mitten in der Nacht. Hol euch der Teufel! Man sollte euch den Arsch versohlen!"* Die alte Rinkenburgerin im 2. Stock im Haus gegenüber dem Obertor schüttete ihren Nachttopf über uns herab. Wir waren alle schnell genug, um auszuweichen. Alois schrie zu ihrer Terrasse hinauf: *„Hoorig, hoorig isch die Katz"* und wir anderen fuhren fort: *„Und wenn die Katz nit hoorig isch, denn fängt'se au kei Ratz."* Sowie es hell wurde, war unsere Aktion zu Ende, und wir verzogen uns nach Hause.

Bei Tag gab es dann die Weiberfastnacht und am Abend unter Fackelbeleuchtung den Hemdglonkerumzug mit den beiden Oberhemdglonkern: einem Mädle, 5m hoch und einem Bue noch etwas höher. Alle Teilnehmer waren im bodenlangen Nachthemd, d.h. also: *„Hemdglonker"*, wie man an sich nur vor dem Schlafengehen noch in der Wohnung herumglonkt. Aber ein Glonker ist auch sonst der arbeitsscheu herumstreunende, der nur herumglonkende Nichtstuer oder auch die Nichtstuerin. Der Abend ist so auch das Fest ganz speziell für alle Asozialen, d.h.: alle Glonker und Glonkerinnen.

Am Sonntagnachmittag ging der Schnabelgiere durch die Straßen. Ich wusste, das war der Thum Max, den ich ja schon als Kind kannte. Er war immer schon zu dick und konnte sich nun in seinem Storchenkostüm und mit dem riesigen Schnabel die Steigstraße hinauf kaum bewegen. Die Brezeln, die er aus seinem Umhängekorb an die um ihn herumschreienden Kinder verteilte, stammten wahrscheinlich aus seiner eigenen Bäckerei. Die Dominos um ihn herum beschützten ihn vor den garstig zudringlichen Kindern und halfen ihm, seine Brezeln zu verteilen. Teilweise kannte ich die Dominos. Es waren meist Frauen. Doch sie waren alle in ihren schwarzen Umhängen und mit ihren Masken unheimlich und animierten die Kinder nicht nur dazu, dass sie so laut wie möglich: *„Schnabel-schnabelgiere"* schrien, sondern schlugen mit ihren prall aufgeblasenen Saublodern oft auch wahllos auf sie ein.

Das wichtigste Fastnachtsereignis war der Rosenmontagsumzug. Er ging durch Ober- und Unterstadt. Die Narrenmusik ging voraus, einige närrische Karren folgten, und dann kam der Zug der Fußnarren. Doch der Umzug war im ersten Nachkriegsjahr verglichen mit späteren Umzügen gewiss sehr bescheiden. Wichtig war jedoch, dass er stattfand. Und wichtig war allgemein, nicht die Show und nicht dass man gesehen wurde und auch nicht das Zusehen, sondern dass man mitmachte. Meine ganze Schulklasse aus der Volksschule machte mit. Ich erinnere mich nun so lange danach kaum noch daran, wie der Umzug aussah, ja eigentlich nur noch daran, dass ich wie die anderen von meiner Klasse mitmachte. Immer wieder stockte der Zug. Und eine Gruppe tanzte, eine andere führte irgendeine Narretei oder Vicherei auf, eine andere sang. Einen langen Stopp gab es an einer bestimmten Stelle in der Seestraße. Und wir sangen unser Leib- und Magenlied:

„Lustig ist's Zigeunerleben, faria, fario, fa / Brauch'n dem Kaiser keine Steuer zu zahlen, fario, faria, fo / lustig ist's im grünen Wald / wo des Zigeuners Aufenthalt / faria, fario, fario, faria, faria, fario, fo."

„Zigeuner" war dabei keine Bezeichnung für eine Ethnie, sondern bedeutete Freiheit, Ungebundenheit, ein anderes Leben, als man gewöhnlich hatte. Alle Teilnehmer am Umzug waren so Zigeuner. Aber vielleicht war das nach den schwierigen Jahren der Nazizeit immer noch mehr Wunsch als Wirklichkeit.

Immerhin gingen wir nach dem Umzug nicht wie die meisten Leute zum Tanzen in die Germania am Marktplatz, sondern zu Adelheid nach Hause, deren

Eltern uns erlaubt hatten, bei ihnen unsere erste Party zu feiern.

Die erste Fasnet nach dem Krieg - ein Aufatmen. Wir haben es geschafft, aus uns herauszugehen. Ein Lichtblick. Die Germania übrigens existiert heute nicht mehr. Das Gebäude ist abgebrannt und neu als Bankhaus wieder aufgebaut. Die damalige Besitzerin, Fanny Gromann, eine etwas grobe aber liebenswerte Frau mit rauer Stimme, ist längst tot.

Die Fastnacht endete mit dem Aschermittwoch. An diesem Tag empfing man nicht nur in der Kirche die Asche und wurde mit ihr an die Zerbrechlichkeit und Vergänglichkeit der eigenen Existenz erinnert, sondern man musste an diesem Tag auch wieder in die Schule. Die erste Stunde, die ich da hatte, war Religion. Unvergesslich ist für mich ebenso wie die ganze Fastnacht diese Religionsstunde nach der ersten Nachkriegsfastnacht. Der Stadtpfarrer, den ich ja sehr gern mochte, kam. Kaum dass er gegrüßt hatte, nahm er Inge dran. Störte es ihn, dass sie ein schönes Mädchen war? Ich hörte nicht, was er sie fragte. Aber sogleich schrie er und schlug ganz wild auf sie ein. Dann wiederholte sich dasselbe bei Lina, und danach kam Frieda dran. Ich konnte nur vermuten, dass er uns beim Fastnachtsumzug gesehen hat und mit einer Teilnahme der Mädchen nicht einverstanden war. Die Geringschätzung der Mädchen in Meersburg noch zu jener Zeit hatte Tradition. Schon meine Mutter mit ihren vier Schwestern konnte etwas davon erzählen.

IV. Die eigene Wendung

Es änderte sich nach einiger Zeit meine Grundeinstellung in vielen Punkten. Nicht zuletzt hat sich durch die Rückkehr des Bruders aus dem Krieg die häusliche Situation gewandelt. Es ist für mich enger geworden im Haus. Es gab nun eine neue Instanz, deren Placet die Eltern nach meiner Ansicht viel zu oft einholten. Und dieses Placet war öfters nicht nach meinem Geschmack.

In Meersburg räumten im Sommer 1946 die Franzosen das Gebäude der ehemaligen Reichsfinanzschule. Es wurde auf Weisung der Franzosen wieder Lehrerseminar, was es vor der Nazizeit schon gewesen war, nun allerdings nach dem Vorbild der französischen *„Ecole Normale"*, also eine Schule, in welche Schüler nach Abschluss der Volksschule eintreten konnten und mit mehr oder weniger französischem Lehrplan zum Volksschullehrer ausgebildet werden. Es war eine Internatsschule. Man sah in den Straßen der Stadt nachmittags bald schon die Schüler. Ich freundete mich eines Tages mit einem von ihnen an. *„Kurt"* aus Gottenheim, das war eine neue Erfahrung, durch die ich von meinen alten Freunden Abstand gewann, aber auch von der eigenen Familie. Schließlich überlegte ich: Volksschullehrer werden, warum nicht? Die Großmutter war dagegen. Aber meine Lehrerin aus der Abschlussklasse der Volksschule war begeistert, und auch die Eltern waren dafür. So machte ich die Aufnahmeprüfung für diese neue Schule. Es war eine herbe Enttäuschung, dass ich zunächst nicht aufgenommen wurde. Ich hatte ja in der Volksschule ein hervorragendes Abschlusszeugnis. Aber diese neue Schule stand Jungens aus ganz Südbaden offen. Der Andrang zur Prüfung war deshalb groß und meine Prüfungsleistung zu schwach.

Diesen Misserfolg registrierten einige ehemalige Freunde aus der Volksschule mit größter Schadenfreude: *„Geschieht ihm recht"*, sagten einige. Das traf mich. Ich empfand es als eine erneute Ausgrenzung. Ich begriff: Ich gehöre nicht mehr dazu und mied schließlich die alten Kontakte. Doch der Misserfolg veränderte mich. Ich blieb bei der Absicht, mit der neuen Schule meine Ausbildung weiterzuführen. Dabei ermutigte mich der Direktor der Schule, der mein Dossier überprüft hatte und mich ermutigte, mich im nächsten Jahr erneut zu bewerben. Das tat ich mit Erfolg. Nach Eintritt in die Schule wurde der Direktor mein Freund. Er war 40 Jahre älter als ich und Witwer mit drei erwachsenen, musikalisch sehr aktiven Töchtern. Es entstand eine sehr enge Beziehung auch zwischen ihm und den beiden Familien. Der Eintritt in die Schule, das Internat und der fast tägliche Besuch im Haushalt des Direktors bedeuteten für mich einen Umbruch und ein neues Leben, das mich allerdings von meinem bisherigen örtlichen Umfeld und von meinen alten Freunden völlig trennte. Dabei wurde Musik für mich gleich schon das wichtigste Fach und Musik überhaupt eine tiefe Erfahrung. Die Eltern ermöglichten mir außerhalb der Schule zusätzlichen Geigenunterricht. Und ich hatte in meiner Klasse von den ersten Tagen an einen Freund, der mein Musikinteresse teilte. Öfters besuchten wir zusammen in Konstanz die Konzerte des Bodensee-symphonieorchesters und des Stuttgarter Kammer-orchesters. Und wir begeisterten uns gemeinsam ganz leidenschaftlich vor allem für Beethoven. Die vielen Unsicherheiten und Verwirrungen, zu denen ich durch den *„Umsturz"* gekommen war, fanden so für mich ein Ende.

20. Die Droste

I. Schlossführung

„In diesem Turmzimmer der Burg, auf diesem Liegestuhl ist die Droste - Deutschlands größte Dichterin, wie man sagt - am 24. Mai 1848 gestorben." Das habe ich, als ich 1953 und 1954 in den Sommerferien im Alten Schloss als Schlossführer arbeitete, an diesem Ort jeden Tag 5 oder 6 mal den Touristen erzählt, meistens auf Deutsch, manchmal auch auf Französisch. Mit seiner grün gestreiften Tapete - ein makabrer Raum. Der Raum und vor allem das Sterbebett: Relikte im Diesseits der jedoch im Jenseits nicht mehr verortbaren Person, obwohl sie doch schrieb: *„Geliebte, wenn mein Geist geschieden, so weint mir keine Träne nach; denn, wo ich weile, dort ist Frieden, dort leuchtet mir ein ew'ger Tag!"* Im Vordenken auf den Tod, mit dem alles Irdische ein Ende nimmt, insistiert sie dennoch auf einem Ort und einem Tag danach, wo weiter Raum für sie ist, wenn auch anderer Art. Sie war ganz offensichtlich eine Gläubige und das Sterbe-zimmer und der Sterbestuhl sind Schwellenrelikte. Der Blick des Besuchers musste von hier aus un-weigerlich weiter ausschweifen. Schaut man etwa durchs Fenster dieses Turmzimmers, so ist man ent-zückt von der wunderbaren Aussicht auf die Unter-stadt direkt darunter und vom viel gemütlicheren Wohnzimmer nebenan aus auch auf den See und die Alpen.

Es gab für mich als Schlossführer einen Minimaltext, den ich erzählen musste: Annette von Droste-Hülshoff, geboren am 10. Januar 1797 auf Schloss Hülshoff in Westfalen. Sie ist dort aufgewachsen und hat die meiste Zeit auch in dieser Gegend gelebt. Nach Meersburg kam sie zunächst nur, um ihre Schwester zu besuchen, die hier mit dem Frei-herrn von Laßberg verheiratet war. Er hatte in Diensten des Fürsten von Donaueschingen gestan-den und hat dann als Rentner diese mittelalterliche Burg gekauft, für die man nach der Auflösung des Bischofssitzes von Konstanz keine öffentliche Ver-wendung mehr hatte. Und er hat an diesem Ort nicht nur mit seiner Frau und seinen beiden Töchtern gelebt, sondern auch eine bedeutsame

Büchersammlung angelegt und literarische Kontakte zu Leuten wie Uhland und anderen Literaten gepflegt, die auch die Droste interessieren konnten. Doch die Droste hatte in ihren letzten Jahren eine sehr gebrechliche Gesundheit. Sie erkrankte schließlich an Tuberkulose und suchte am See in Meersburg vor allem einen Ort, an dem sie sich erholen und besser von ihrer Krankheit genesen konnte. Mit dieser Absicht und nicht etwa aus touristischem und auch nicht aus dichterischem Interesse, lebte sie ab 1841 immer wieder monateweise hier. In ihrem letzten Lebensjahr war sie bereits eine bekannte Dichterin, deren Werk bei Cotta verlegt wurde. Sie kam so mit ihrer Dichtkunst zu etwas Geld und kaufte damit das *„Fürstenhäusle"*, ein vom Fürstbischof Fugger erbautes Lusthäuschen auf einem Hügel oberhalb der Stadt mit einer wunderbaren Sicht auf den See und die Alpen. Offenbar wollte sie sich dort auf Dauer einquartieren. Doch bei einem Aufenthalt auf dem elterlichen Anwesen Rüschhaus in Westfalen erkrankte sie erneut sehr schwer. Sie kehrte mit großer Mühe zur Genesung nach Meersburg zurück. Ihr Zustand wurde bald sehr kritisch, und sie starb. Ihr eigenes Meersburger Häuschen konnte sie nie bewohnen.

Je nach Interesse der Besucher wurde ich in meiner Erzählung ausführlicher und sagte auch etwas über die Meersburger Dichtungen der Dichterin. Da man den Säntis bei schönem Wetter von ihrem Wohnzimmer aus sah, ergab es sich von selbst, an die vier Säntisgedichte zu erinnern, in denen es jedoch weniger um die Landschaft geht, als vielmehr um eine Welterfahrung, für die sich der Berg wie eine mächtige Person darstellt, die stärker ist als die Zeit, und die je nach Jahreszeit ein unterschiedliches Erscheinungsbild zeigt. Nach einem Ausdruck der Dichterin: eine *„Hieroglyphendichtung"*. Aber auch die Burg wird in anderen Meersburger Gedichten wie etwa *„Am Turme"* nicht etwa als bemerkenswerte Sehenswürdigkeit präsentiert, sondern vielmehr als ein Gemäuer, von dem dank seiner Geschichte, aber auch dank seiner baulichen Eigenart eine übermächtigende Wirkung ausgeht, die das Gemüt berührt. Das Ächzen und Pfeifen in den Fluren der Burg namentlich bei Nacht wird für die Droste zu einer naturhaften Stimme einer Urgewalt. All diese Gedichte sind *„Hieroglyphendichtungen"*, die sich nur bei einer minutiösen Entzifferung erschließen.

Ein Meersburger Gedicht, das speziell den Meersburgern bekannt sein müsste, ist :"*Die Schenke am See"*. Der mit diesem Titel bezeichnete Ort ist das sogenannte *„Glaserhäusle"* am Stadtrand. Schwer vorstellbar für mich als Jugendlicher der neueren Zeit, dass dieses Häusle also einmal eine Kneipe gewesen sein soll, wie die Droste es offenbar erlebt hat. Es war für mich immer ein hinter dichtem Gestrüpp verborgener unheimlicher Ort, der von einer seltsamen Person bewohnt war: *„de Mauthnere"*, der Frau des Philosophen Fritz Mauthner. Sie hatte einen Spitz, der bellte und einem nachlief, wenn man am Gartenzaun vorbei ging und der mich sogar einmal an der Hose packte. Doch zu den Meersburger Texten gehören auch die Gedichte, die mit ihrer Liebesbeziehung zu Levin Schücking zu tun haben, die sogenannten *„Schückinggedichte"*. Die Droste kannte Levin Schücking aus Westfalen. Laßberg stellte ihn auf ihr Ersuchen hin auf der Burg für kurze Zeit als Bibliothekar an. Die *„Schückinggedichte"* sind Zeugnisse einer sehnsüchtigen unerfüllten Liebe zwischen der kränklichen und schon etwas älteren Dichterin und dem offenbar attraktiven jungen Mann, der ihr literarisches Interesse teilte und ihre dichterische Bedeutung erkannte, aber ihr Liebesverlangen nicht befriedigen konnte.

Nach seinem Meersburger Aufenthalt kam es zum Bruch.

II. Nachruhm der Dichterin

Ich habe bereits in der Grundschule einiges über diese Dichterin gelernt und die Orte in Meersburg besucht, an denen man angehalten wurde, an sie zu denken, als wäre sie eine Meersburger Größe gewesen. Doch eine Meersburgerin war sie ganz gewiss nie. Für die Leute der Stadt blieb sie eine Fremde. Und sie interessierte sich kaum für sie. Wahrscheinlich verstand sie ihre alemannische Mundart gar nicht. Trotz ihrem höchst entwickelten und innovativen Sprachempfinden gibt es in ihren Schriften keine Spur einer Aneignung der Bodenseesprache. Wenn es in der *„Schenke am See"* heißt, dass das *„Wirtlein"* zur Verabschiedung sagt: *„Geruh'ge Nacht - stehn's nit zu zeitig auf!"* so kann das sprachlich nicht stimmen. *„stond it z'frie uf"*, müsste es im Meersburger Dialekt heißen. Doch vielleicht war der Wirt ein Bayer. Aber auch die

Leute vor Ort waren ihrerseits wohl meist zu ungebildet, um hochdeutsch zu sprechen oder gar um die poetische Sprache der Dichterin zu verstehen.

Die täglich mehrfache Präsentation des Kranken- und Sterbestuhls der Dichterin, des in der Stadt wohl einzigen noch erhaltenen gesichert authentischen Gegenstands aus ihrem Leben, wozu ich als Fremdenführer verpflichtet war, machte ihn für mich zu einem Phantom für ihre zerbrechliche Existenz und seine Leere zum Auslöser für eine gewisse Trostlosigkeit über die Endlichkeit selbst der erhabensten Dinge.

Im Mai 1948 wurde in Meersburg mit vielen Festlichkeiten des hundertsten Todestages der Droste gedacht. Viele Teilnehmer kamen aus Westfalen. Es wurde sichtbar, dass sie dort als die Heimatdichterin verehrt wurde, wo sie ja auch tatsächlich die meiste Zeit gelebt hat und den Stoff für viele ihrer Dichtungen fand. Hauptereignis der Gedächtnisfeierlichkeiten war ein Gottesdienst in der Stadtkirche und der kirchlich zelebrierte Besuch am Grab der Dichterin auf dem Meersburger Friedhof. Der damalige katholische Stadtpfarrer von Meersburg, Wilhelm Restle, galt als Drosteforscher. Sein besonderes Verdienst in diesem Zusammenhang war wohl, dass er sowohl beim Gedenkgottesdienst in der Stadtkirche als auch bei der Zeremonie am Grab der Dichterin sie als gläubige Christin gefeiert hat und an ihre Texte aus dem *„Geistlichen Jahr"* erinnerte, einer Sammlung von geistlichen Betrachtungen zum Kirchenjahr, die ein unorthodoxes aber sehr ernsthaftes eigenständiges Ringen um ihren Glauben bezeugen. Ich war bei diesen Feierlichkeiten Ministrant und wurde so aus nächster Nähe Zeuge der Feierlichkeiten im Andenken an eine Person, die den erlebbaren Alltag weit überstrahlte.

Doch für mich als Jugendlicher und auch schon als Kind war die Droste nie nur die angeblich berühmte Dichterin, sondern in der Begegnung mit ihrem Grab und ihrem Denkmal auf dem Schlossplatz, wo es lange stand, und mit dem heimlich mit den Freunden zum Versteckspiel immer wieder aufgesuchten Fürstenhäusle eine reale örtliche Gegebenheit, die freilich nicht bis zur Entzifferung ihrer

Hieroglyphensprache verleiten konnte, aber doch aus der Vergangenheit die mir vertrauteste Angelegenheit war. Meine Schlossführungen, so langweilig sie mir selbst vorkamen, waren für mich selbst tägliche Erinnerungen daran.

Bei der amerikanischen Baronin, Frau von Bothmer, der sehr attraktiven Frau des verstorbenen Urneffen der Dichterin und nachmaligen Erbin habe ich einmal, als ich schon Gymnasiast war, mit einigen Freunden einige Beete des Vorgartens des damals schon unziemlich vergrößerten *„Häuschens"* der Dichterin umgegraben. Und wir durften danach mit der Baronin Tee trinken im winzigen Zimmer, in dem die Dichterin gedichtet und komponiert haben soll, man musste das der Baronin glauben. Und sie zeigte uns das Spinett der Dichterin und die Partitur ihrer Komposition des Goethegedichts: *„Wer nie sein Brot mit Tränen aß, der kennt euch nicht..."* Die Droste auch eine Komponistin, und Goethe bei ihr. Das war neu für uns. Aber unser Bildungshorizont war viel zu eng, um mit diesem Erkenntnisgewinn etwas anzufangen. Und wir lehnten es ab, uns eine entsprechende Schallplatte anzuhören. Wir leerten schnellstmöglich unsere Tassen und stürmten den Berg hinab davon.

Die Drostezimmer im Alten Schloss waren immer die letzte Station meiner Schlossführung. Gewöhnlich schauten sich die Besucher hinterher in den drei Räumen noch einmal kurz um, drückten mir dann das Trinkgeld in die Hand und verließen wortlos den Ort.

21. Erinnerung an den Tod meiner Mutter

I. Die Todesnachricht

Am 16. Mai 1955, es war Montag, fuhr ich am frühen Morgen mit dem Schiff nach Konstanz, um von dort dann den Zug nach Gottmadingen zu nehmen, meinem ersten Anstellungsort als Volksschullehrer an der dortigen Volksschule. Auf dem Bahnhof in Konstanz erschrak ich, als ich aus dem Lautsprecher plötzlich meinen Namen ausrufen hörte: Ich solle mich am Fahrkartenschalter melden. Ich begab mich zum Schalter und erhielt dort die Nachricht, mein Vater bitte mich, aus dringlichen familiären Gründen sofort nach Hause zurückzukehren. Ich konnte mir denken, was geschehen war und verabschiedete mich von meinem ehemaligen Deutschlehrer, in dessen Begleitung ich bis nach Konstanz gefahren war.

Meine Mutter lag seit 14 Tagen schwer krank im Meersburger Krankenhaus. Den ganzen Sonntag hatte ich mit meiner Familie an ihrem Krankenbett verbracht und verzweifelt gehofft, dass sie sich von ihrer Herzattacke doch noch erholen würde. Aber sie war durch ihre Krankheit so sehr in Anspruch genommen, dass sie die unendlich langen Stunden, die wir fast ohne Unterbrechung bei ihr waren, mit geschlossenen Augen in ihrem Bett lag und mit der Qual kämpfte, bei völliger Verschleimung zu atmen und, wenn sie husten musste, nicht zu ersticken. Man hörte ihr lautes regelmäßiges Schnaufen ununterbrochen wie eine Maschine schon im Krankenhausflur. Sie hat keine Nahrung mehr zu sich genommen und auch fast keine Flüssigkeit und hat nicht mehr gesprochen. Wir fragten uns, ob sie uns überhaupt noch wahrnahm. Mein Vater machte den Versuch, jeden von uns ihr noch einmal ins Bewusstsein zu bringen. Er zog uns, alle 6 Kinder, eines nach dem andern ans Bett heran, bat, der Mutter die Hand zu geben, sagte laut vernehmlich den Namen: *„Da ist Marianne. Erkennst du sie?"* Jeder hat gespannt wenigstens ein Kopfnicken erwartet und hätte es natürlich gerne gehabt, dass zumindest er oder sie wahrgenommen worden wäre und eine letzte persönliche Zuwendung der Mutter zu bekommen oder gar ein Zeichen besonderer Liebe vor ihrem Dahinscheiden. Welch ein Trost das gewesen wäre! Doch sie keuchte nur mühevoll weiter und reagierte nicht. Man konnte verzweifeln an der Hilflosigkeit des Arztes. Diagnose: Herzinfarkt, fortgeschrittenes Stadium - Therapie: keine mehr, aufpassen, dass sie nicht erstickt. Zweifellos war doch sie es, die da im Bett lag. Unverkennbar ihre zerschundenen Hände, ihr dünn gewordenes, weißes, krauses Haar, ihre allzu bekannten Gesichtszüge. Also war tatsächlich auch sie es, die da keuchte und wie eine nicht mehr in Gang kommende Maschine dieses unerträgliche Schnaufen erzeugte. Doch als die Person, mit der wir sonst über alles sprechen konnten, war sie nicht mehr da. Jenes für sie so charakteristische „oder it?", das sie immer äußerte, wenn sie an etwas Zweifel hatte und das zeigte, dass sie immer auch für eine Alternative offen war, niemals sollte es noch zu hören sein. Ich blieb mit Marianne bis spät in die Nacht. Müdigkeit ließ mich in meiner Krankenwache immer wieder erschlaffen und im Halbschlaf in Erinnerungen verlieren, bis ich plötzlich aufschreckte. Die geringste Unregelmäßigkeit im Keuchen der Mutter stürzte mich in die Realität ihres nicht enden wollenden Daseinskampfes zurück.

Ich konnte mir an jenem Montagmorgen, als ich in Konstanz die Lautsprechermitteilung hörte, keine Illusionen mehr über den Grund des Rückrufs machen. Dennoch glaubte ich an den tatsächlich eingetretenen Tod der Mutter erst, als ich mit der Fähre wieder in Meersburg gelandet war und dort, auf dem Weg nach Hause, von der Pfarrkirche her das Jammergeläut des Totenglöckleins hörte. Ich wählte die weitest mögliche Wegstrecke nach Hause zurück, ging, wie sonst nie, über die Neue Straße hinauf in die Oberstadt, um mich noch möglichst lange meinem Wunschdenken hingeben zu können, das Wunder wäre geschehen, um das ich am Sonntag trotz meines Unglaubens den Gott gebeten hatte, als ich mit Marianne zur Messe ging. Montaigne hatte ich noch nicht gelesen und war auch noch nicht reif für einen Satz wie: *„zu welchem Zeitpunkt auch immer euer Leben endet, indem es endet, ist es vollendet".*

Die Mutter wurde die zwei Tage bis zur Beerdigung wie ehedem der verunglückte Bruder zu Hause, im elterlichen Schlafzimmer aufgebahrt. Immer weniger war sie für mich in dieser Zeit schon tot. Ich wusste, dass sie wie gewöhnlich im Hause war. Ich konnte jederzeit gehen, sie anschauen und ihre stille Präsenz auf mich wirken lassen. Ich entdeckte in diesen Tagen immer wieder Neues an ihr. Vor allem ihr Gesicht und ihre Hände begannen, mit mir zu sprechen und erzählten mir ihre Sorgen und all die Mühen, die sie sich hatte machen müssen. Die Schönheit ihres Gesichts und ihrer Haut, die, wenn auch bleicher, so doch noch sonnengebräunt war. Das hatte ich eigentlich noch nie richtig wahrgenommen. Vor allem aber kam ich nicht los von ihren Händen, berührte sie. Da war diese Narbe von ihrer Sehnenoperation am rechten Daumen. So oft hatte sie den Eingriff hinausgeschoben, denn die Arbeit stand ihr immer bis zum Hals. Und da, der hauchdünn abgewetzte Ehering! Nicht nur ein

Symbol für die dreißig mehr oder weniger glücklichen Ehejahre, sondern auch die Spur von den vielen besonderen Anstrengungen, die im Krieg und in den Umbruchszeiten davor und danach von einer Mutter mit sechs Kindern und einem bäuerlichen Haushalt verlangt wurden. Nun liegt sie so ruhig da und scheint mit der Welt um sie herum im Frieden zu sein, nur dass sie nicht mehr wahrnimmt, wie es mit dieser Welt weitergeht. Unter dem Totenleintuch erkenne ich die Konturen ihres etwas dicken, aber dennoch sehr wohlproportionierten weiblichen Körpers, die Brüste... Wie traurig: kein Zeichen von Leben mehr und das also für immer.

Meine Schwester und ich schmückten das Totenbett mit Flieder. Und der Duft des Flieders war für mich auf Jahre hin immer wieder eine sinnliche Erinnerung an diese letzten Eindrücke vom Dasein der Mutter. War es nicht dieser süßliche Duft, mit dem sich ihre dem Körper entwichene Seele vermischt hat und vielleicht zum Äther aufsteigen konnte? Zum Himmel? Zum Paradies?

Kurz vor der Beerdigung kamen der Leichenbeschauer und die Leichenbeschauerin, um den Leichnam zu waschen und neu einzukleiden und dann einzusargen. Das letzte Bild von meiner Mutter war ihre Einsargung. Reglos ließ sie alles mit sich machen. Ich hatte neuen Flieder besorgt und schmückte den Sarg, den die Leichenbeschauer mitgebracht hatten, damit aus. Sie legten den Leichnam hinein. Ich bedeckte auch ihn mit Flieder. Die ganze Familie kam, um einen letzten Blick auf die Tote zu werfen. Die Einsegnung sollte im Freien vor dem Haus stattfinden. Die ersten Trauergäste trafen bereits ein und warteten auf die Aufstellung des Sarges und darauf, der Toten das Weihwasser zu geben. Es war Eile geboten, die Einsargung zu beenden. Der Sargdeckel wurde aufgelegt, und der Leichenbeschauer drückte mir Schrauben und einen Schraubenschlüssel in die Hand, damit ich mit ihm zusammen den Sarg zuschraubte. Das war die letzte und zugleich schrecklichste Tat, die ich der Mutter erwies und der trostlose endgültige Abschied von ihr. Kein Zweifel mehr: Etwas Unwiederbringliches war nun sogar unter meiner Mithilfe vollzogen. Es gab kein Zurück mehr. Es gab auch die geliebte Person nicht mehr, nur noch ihren Sarg und wie ein dünner substanzlos gewordener Hauch die Erinnerung. Eine unendliche Trennung war vollzogen. Abwesenheit war nun an die Stelle von Anwesenheit getreten, ein Verwesen zur Wesenlosigkeit eingeleitet, die man Tod nennt. Was konnte da die Beerdigung noch ändern, die nun mit großer Anteilnahme erfolgte. Der Stadtpfarrer, der noch vor wenigen Jahren die Silberhochzeit der Eltern mitgefeiert hatte, nahm die Zeremonie vor:

„*Requies in pacem!*" sagt er: „*Requiem aeternam dona eis, Domine! Et lux perpetua luceat eis!*" Und dann das erschütternde*: „Aus Staub bist du geworden, zu Staub sollst du wieder werden.*" Das waren nur kirchliche Regularien, durch den Priester schon tausendfach wiederholte trockene aber für den Trauernden zugleich sehr harte Worte. Sie machten für mich trotz ihrer Ewigkeitsperspektive das Ende und die Endlichkeit der Existenz der Toten nur noch bewusster als das Grab mit dem Sarg.

II. Grabrede

Es gab eine Grabrede, überraschenderweise von einem Vertreter der markgräflichen Verwaltung, dem Baron, der Vaters Vorgesetzter war und den wir zwar hin und wieder bei Vater gesehen hatten, aber eigentlich nicht kannten. Er sprach von Mutter als einer Frau des „*Ausgleichs*", stets habe sie den Ausgleich nicht nur gesucht, sondern auch tatkräftig ermöglicht. Er meinte das speziell in Hinsicht auf den Einsatz des Vaters für das markgräfliche Rebgut, der ihn immer wieder weit über die getroffenen Abmachungen hinaus in Anspruch nahm und zu Hause die Kompensation durch die Ehefrau erfordert hatte. Doch der Baron traf mit dieser Hervorhebung auch allgemein einen ganz wesentlichen

Punkt im Leben der Mutter. Sie war in der Tat in vieler Hinsicht und ganz konkret eine Kompensationskünstlerin. Allein die Mangelsituation in den Kriegsjahren auf allen Gebieten forderte das von ihr. Als der Vater in Polen im Krieg war, musste sie weitestgehend seine Arbeit übernehmen. Doch auch in vielen kleinen Dingen schuf sie immer wieder für den herrschenden Mangel einen Ersatz. Zum Waschen gab es in den Geschäften keine Seife mehr, so hat sie selbst aus Fett Seife hergestellt, es gab kaum noch Zucker, so hat sie selbst Zuckerrüben gepflanzt und Zucker hergestellt, dasselbe mit Tabak für die Fremdarbeiter oder auch mit den Kleidern für die Kinder. Sogar Hausschuhe fertigte sie für uns, knüpfte Lumpenzöpfchen und nähte sie auf einer Fußleiste zu Schuhen zusammen. Aber auch nach dem Krieg, als Vater neben seiner beruflichen Tätigkeit sich politisch engagierte, ging das nur mit ersatzweiser Kompensation auf unterschiedlichsten Gebieten durch seine Frau. Auch das laut proklamierte Wirtschaftswunder, das im landwirtschaftlichen Familienbetrieb nirgendwo zu spüren war, hat diese Herausforderung, immer und überall auszugleichen nicht gemindert. Man musste am Ende denken, dass sich Mutter bei all diesen Herausforderungen übernommen und überarbeitet hat und dass sie deshalb so früh gestorben ist. Wir, die Kinder und auch der Vater waren bei der Beerdigung dankbar für die Rede des Barons. Aber unsere Trauer knüpfte sich viel mehr an, an das große Einfühlungsvermögen, durch das sie jedem von uns nahe war. Diese einfühlende Zuwendung gab es nun nicht mehr. Und das war der Verlust, für den es keinen Trost gab.

Immerhin konnte man noch ihr Grab besuchen. Fürderhin ein heiliger Ort für die ganze Familie. Der privilegierte Ort des Andenkens, der bei jedem Besuch unzählige Erinnerungen auslöste. Die Inschrift auf dem Grabstein, die Vater einige Monate nach dem Tod anbringen ließ: Eine Verewigung der Erinnerung durch das Dichterwort, die jedoch das Todesdilemma nicht beseitigt.

„Und lebendiger lebt ihr dort, wo des göttlichen Geistes Freude die Alternden all, alle die Toten verjüngt"

22. Erinnerungen auf dem Meersburger Friedhof

I. Das Familiengrab

Meersburg ist der Ort, an dem ich geboren wurde und meine Kindheit und Schulzeit bis zum 21. Lebensjahr verbracht habe. Das war also meine Heimat. Sie ist mir jedoch schon lange fremd geworden. Wenn ich heute an den Ort zurückkehre, so habe ich vor allem auf dem Friedhof das Gefühl, diese Heimat wiederzufinden, denn die meisten Personen, mit denen ich in meiner frühesten Vergangenheit zu tun hatte, sind auf diesem Friedhof begraben. Und sie werden mir hier bei meinem Besuch wieder präsent. Ich kann ihre Gräber besuchen, mich an ihre Gesichter erinnern, an die mehr oder weniger spärlichen Dinge, die ich mit ihnen gemein hatte und an die Rolle, die sie für mich spielten.

Da ist gleich am nördlichen Eingang das Grab von Dr. Junghans. Er war im Pädagogium mehrere Jahre mein Deutsch- und Geschichtslehrer. Gegenüber ist das Grab von Pfarrer Restle, den ich als Messdiener in der Kirche fast täglich erlebt habe und der sowohl in der Schule wie auch durch seine Predigten in der Kirche ein wichtiger Religionslehrer für mich war. Ich gehe am Grab von Himmelsbach vorbei. Er hat mich schon als kleines Kind bei Karline gekannt und war dann mein erster Lehrer in der Volksschule. Nicht weit davon entfernt befindet sich das Finkgrab, d.h. das Grab der Eltern meines Doktorvaters Eugen Fink, der wiederholt meine Erinnerung an seinen Vater in mir auffrischte, da ich ihn als Kind in der Seestraße immer wieder spazieren gehen sah. Wie oft war ich nicht beim Doktor Müller, unserem Haus- und Kinderarzt, der nebenan begraben liegt. Und etwas weiter weg liegt Lilo Manz vom Hotel Seehof, meine viel bewunderte und oft beneidete Mitschülerin in der Volksschule. Ich kannte nicht nur die Toten in diesen Gräbern, sondern weiß meist auch einiges aus ihrem Leben. Sie repräsentieren für mich einen Teil der Welt meiner Kindheit.

Indes führt mich auf diesem Friedhof der Weg vor allem zum Grab meiner Eltern. Es befindet sich unter einem der Judasbäume, die neuerdings unter Naturschutz stehen, sodass in unmittelbarer Nachbarschaft eigentlich gar keine Gräber mehr sein dürften. Nicht weit davon entfernt steht das große Friedhofskreuz. Als Kinder stellten wir uns hier den Ort nächtlicher Gespensterszenen vor. Gespannt hörten wir zu, wenn sie uns erzählt wurden. Wir glaubten halbwegs daran und fürchteten uns. Niemals wären wir deshalb bei Nacht über den Friedhof gegangen. Unendliche Male besuche ich nun schon dieses Grab der Eltern. Unendliche Male stehe ich immer wieder davor und lese die Inschriften auf dem Grabstein wie Runen aus einer sehr fernen Zeit, an die ich mich jedoch lebhaft erinnere: *Sofie Nessler, 1900 - 1955, Franz Nessler, 1900 - 1970.* Von beiden kann ich noch träumen, als hätte ich sie erst gestern noch gesehen. Der Ort vermittelt mir in der Erinnerung ihre erneute Präsenz. Aber da ist auch noch der Name meines verunglückten jüngeren Bruders: *Siegfried Nessler, 1934 - 1941.* Er war zunächst in einem Kindergrab beerdigt worden, und seine noch verbliebenen Gebeine wurden dann, als der Friedhof neu geordnet wurde, umgebettet. Auf Wunsch des Vaters sollte er neben seiner Mutter ruhen. Er war ja unter uns Kindern ihr Liebling. Nur Skelettreste konnten noch umgebettet werden. Entsprechend bruchstückhaft ist meine Erinnerung an ihn.

Auf dem Grabstein, stehen unter den Namen der drei Toten auch 2 Zeilen von Hölderlin, die Vater nach dem Tod der Mutter darauf anbringen ließ: *„Und lebendiger lebt ihr dort, wo des göttlichen Geistes Freude die Alternden all, alle die Todten verjüngt.“* Diese Zeilen sollten das eigentliche Denkmal sein, zunächst für die Mutter, nach dem Tod des Vaters waren sie es auch für ihn. Leider fehlen die beiden vorausgehenden Zeilen des Hölderlingedichts. Sie hatten auf dem Grabstein keinen Platz. In ihnen spricht Hölderlin als der Hinterbliebene:

„Einen vergänglichen Tag lebt' ich und wuchs mit den Meinen / Eins um's andere schon schläft mir und fliehet dahin. / Doch ihr Schlafenden, wacht am Herzen mir in verwandter / Seele ruhet von euch mir das entfliehende Bild.“

Die Toten, an die er denkt, sind nun für ihn nur noch Erinnerung, doch als solche in seinen Worten nach wie vor präsent.

In diesem Grab meiner Eltern ruhen jedoch auch meine Urgroßeltern väterlicherseits und ein Groß-onkel. Ich weiß es seit eh und je, ohne dass ich sie noch gekannt hätte. Denn das Grab war ur-sprünglich nur ihr Grab, und Onkel Karl und Tante Rese aus Tengen, ihre zuletzt noch lebenden direkten Nachkommen, kamen jährlich an Aller-heiligen hierher, um das Grab zu besuchen. Dabei kehrten sie auch bei uns zu Hause an. Und sie brach-ten immer Kuchen mit aus ihrer Bäckerei, und gaben jedem von uns Kindern ein silbernes 5 Markstück. Wir begriffen ihren Besuch als ein Fest für uns, ohne dass wir an den eigentlichen Anlass ihres Besuchs dachten.

Vater hat nach dem Tod der Mutter die Namenstafel vom Grabstein der Urgroßeltern abnehmen und auf dem neu genutzten Grab zusätzlich anbringen las-sen. Darauf ist zu lesen:

„Hier ruhen Alois Neßler geb. 17. Jun. 1870, gest. 15. Jan. 1923 ; Ambros Neßler geb. 4. Dez. 1842, gest. 15. Jan. 1923 ; Wilhelmine Neßler geb. Seyfrid, geb. 17. Feb. 1840, gest. 23. Feb. 1927 - Auf Wiedersehen!"

Ich habe keine Erinnerung an diese drei Toten. Aber nicht nur das: Sowohl die Schrift auf dieser Namenstafel als die Angaben zur jeweiligen Person und die alte Schreibweise des Familiennamens sind mir fremd. Die Tafel stammt aus einer Zeit, in der ich noch nicht gelebt habe und in der man auch anders schrieb und ganz anders dachte. Vor allem glaubte man an ein neues Leben nach dem Tod. Die Inschrift beinhaltet eine Inszenierung für dieses Leben. So ist sie für mich nicht nur veraltet, sondern auch inhaltlich eigentlich nicht nachvollziehbar. Die Tafel verwirrt mich gewissermaßen *„metaphysisch"*. Was heißt da noch *„Erinnerung"*? Was ich darauf lese, hat nichts zu tun mit meiner Biographie. Es ist nur eine erinnerungsfremde Gedenktafel, mit einem abstrakten Andenken an drei Tote, die mein Vater freilich noch gekannt hat, zu denen ich jedoch nicht die geringste Verbindung habe. Sie illustriert existenziell meine Geworfenheit. Für mich ist dieses Andenken nur historisch interessant zumal ich nicht an ein neues Leben nach dem Tod glaube. Die Tafel erlaubt mir archivarisch die historische Zuordnung meiner Existenz, ihre Einordnung in die Kette der geschichtlichen Zusammenhänge, in denen ich stehe. Nur deshalb wäre ich gegen ihre Entfernung. Ich schäme mich für diesen Gedanken. In Bälde wahrscheinlich wird das Grab der Eltern neu belegt. Mein ältester Bruder hat es für sich und seine Frau schon gekauft. Ganz gewiss wird bei ihrem Tod diese Tafel und vielleicht sogar auch der Grabstein der Eltern samt den Hölderlinversen verschwinden. Was gäbe es dagegen einzuwenden? Dass die Toten dann noch hier *„ruhen"*, wird man jedenfalls nicht mehr sagen können. Sie sind jetzt schon verwest und zu nichts zerfallen. Sie brauchen nicht nur keine Ruhe mehr, sondern können sie auch existenziell gar nicht mehr vollziehen. Sie wesen weiter, indem sie verwesen und sind am Ende gar kein objektiv ausmachbarer Befund mehr. Die Gedenktafel und das Andenken sollten, wie gesagt, dennoch bleiben. Aber sie werden mehr und mehr substanzlos. Wenn es keine Erinnerung mehr gibt, die sie füllt, sind sie schließlich nur noch Zeugen der Auslöschung. Und die Erinnerungswörter wie: *„ruhen"*, *„wiedersehen"*, *„weiterleben"* werden zu einem Nonsens, nicht jedoch das Gewesensein, und nicht die Historie, in der sich alles, was war, als die unendliche Vergänglichkeit darstellt. Das Andenken hält diesen Verweis im Bewusstsein.

Eine progressive Auslöschung ist für mich auf diesem Friedhof an vielen Stellen ganz konkrete Gegenwart, und ich empfinde dabei größtes Unbehagen. D.h.: Von vielen Bekannten und Verwandten, die ich noch lebend gekannt habe, finde ich das Grab schon nicht mehr. Gräber werden hier laut Friedhofsordnung eingeebnet, sowie sie, ganz banal gesagt, von niemandem mehr bezahlt werden. Der Tote selbst ist kein zahlendes Subjekt mehr und hat so an dieser Bestattungsstätte von sich selbst keine Existenzberechtigung mehr. Von Karline etwa, meiner Tagesmutter in der Unterstadt, und von der Großmutter, die für mich ja beide in meiner Kindheit eine bedeutende Rolle gespielt haben und an die ich mich noch sehr deutlich erinnere, sind die Gräber bereits verschwunden. Immerhin weiß ich noch, wo die waren, und ich war ja bei den Beerdigungen dabei. Das gibt beiden bei mir noch ein bisschen Dasein und lässt mich an sie denken. Ihre Grabsteine, die als dauerhaftes Andenken an sie aufgestellt wurden, liegen irgendwo auf dem Müll. Ihr Verschwinden war eine Demontage des Andenkens und natürlich auch der noch spärlich verbliebenen Erinnerung. Der Abraum des Grabes hat in Bezug auf die viel früher verstorbenen Eltern meiner Mutter, die ich nicht gekannt habe, eine noch brutalere Bedeutung. Ich habe ihr Grab noch in Erinnerung, weiß aber nicht mehr genau, wo es war. Bernhard Merz, Franziska Merz, geborene Löchle, das stand auf ihrem Grabstein und dazu auch ihre Lebensdaten, die ich schon vergessen habe. Es bleibt mir auf diesem Friedhof überhaupt keine Spur von diesen Vorfahren, kein Indiz für ihre Existenz, obwohl sie hier doch real ruhen sollen. Gab es sie überhaupt? Nichts verweist mehr darauf. Kein Monument, auch ihr letzter Ruheplatz ist spurlos verschwunden und mit dieser Spur die materielle Koordinate der Gewesenheit.

Meine Gefühle stoßen sich bei diesem Gedanken mit der Erinnerung an meine Schwester Marianne, die erst vor wenigen Jahren gestorben ist und deren Grab ich immer nach dem Elterngrab besuche. Wie für das Elterngrab habe ich Blumen für sie mitgebracht. Sie liebte Blumen. Kaum dass ich den Ort verlassen habe, werden sie verwelkt sein, das weiß ich, und ich weiß ja ganz allgemein: Nichts widersteht letztlich *„Lethe"*, dem Fluss des Vergessens. Die Vergangenheit verliert mit der Zeit ihre Kraft. Ihre Adhesionsmacht verblasst, verkümmert, zerrinnt im Fluss des Vergessens. Zuerst verbleicht die Erinnerung. Man könnte auf diesem Friedhof neidisch werden auf die Judasbäume, die sich auf den Gräbern einwurzeln und öffentlich offenbar mehr gehegt werden als die Gräber. Aber auch sie...

Hier ist es,
wo aus den Gräbern
Judasbäume sprießen .
Aus der Unterwelt
schreien sie:
er und auch sie,
sie waren es
an diesem Ort.
Selbst schon wieder enthauptet
bezeugen die Bäume
dass keiner weiter

noch gewesen sein soll.

II. Ehrengräber

Doch der Meersburger Friedhof ist ein Ort, der über das Persönliche hinaus eine gewisse zusätzliche Aufmerksamkeit beansprucht durch die Ehrengräber, die es hier gibt, alte Gräber, welche die Stadt auf unbestimmte Zeit erhält und die durch die Stadtgärtnerei regelmäßig gepflegt werden. Es sind Gräber von Begrabenen, denen besondere Dienste für die Stadt zugerechnet werden. Manche Friedhofsbesucher kommen in die Stadt, nur um ihre Gräber zu besuchen. Das sehr bescheidene Grab der Dichterin: Annette von Droste-Hülshoff etwa gehört dazu, aber auch die Grabkapelle ihres Schwagers, des Freiherrn von und zu Laßberg, und das Grab Franz-Anton Messners: ein dreieckiger Marmorklotz in der Friedhofsmitte, auf dem eine Reihe geheimnisvoller alchimistischer Zeichen auf seine Wunderheilerreputation verweisen. Dass er von Marie-Antoinette an den französischen Königshof gerufen wurde, war für die Ehre, die ihm auf diesem Friedhof zuteil wurde, wohl das Wichtigste.

Gerne besuche ich hin und wieder auch das Grab des Mathematikers und Astronomen Carl Schoy. Es liegt abgelegen und fast vergessen in der südlichen Ecke des Friedhofs. Vielleicht wird es in Bälde verschwinden, da kaum noch jemand etwas von diesem Toten weiß, schon gar nicht, dass er im Meersburger Lehrerseminar zur Schule gegangen ist, einer Institution, die selbst schon längst vergessene Vergangenheit ist. Nur die Bildung der Friedhofsbesucher rechtfertigt im Grunde die Existenz der Ehrengräber. Mit ihrem Unwissen verlieren sie ihre Rechtfertigung und der Nachruf, den die Gräber ja verewigen sollten, ist zu Nichts geworden. Die Gedenktafeln und die Gräber sind in diesem Fall für sich genommen, keine Andenken mehr, sondern nur gegenständliche Relikte.

Aber jeder Friedhof ist selbst stolz darauf, wenn er Ehrengräber aufzuweisen hat und pflegt sie nicht zuletzt auch des eigenen Ansehens wegen. Diesen Verdacht kann man auch für die Meersburger Ehrengräber zumindest teilweise nicht zurückweisen. Ein Beispiel ist etwa auch das Schicksal des Ehrengrabs des Urneffen der Droste, das er zunächst direkt zu ihren Füssen bekam und mit dem ihr Grab in die Ecke gedrückt wurde. Man hat den Vorgang nachträglich durch eine Umbettung korrigiert. Doch deutlich wurde dabei, dass die Ehrengräber der Konjunktur unterliegen. Und auch sie sind von der Auslöschung bedroht, sowie sie keine Konjunktur mehr haben und ihre Toten verpönt oder vergessen sind.

III. Am Grab Fritz Mauthners

Besonders beeindruckend war für mich immer das Grab von Fritz Mauthner, dem Philosophen, und seiner Frau. Es besteht aus einem Findlingsblock mit der Inschrift: *„Vom Menschsein erlöst".* Was wollte er denn sonst in seinem Leben als Menschsein? Der Satz stammt gewiss nicht von ihm als dem Toten, könnte aber eine Erinnerung an seine buddhistischen Gedanken sein. Ist man selbst Buddhist, so kann man den Satz als von einem nirvanahaften Jenseits her gesprochen verstehen.

Allerdings kann man, wenn man ihn liest, auch an Mauthners Meersburger Jahre denken, die nicht seine glücklichsten Jahre waren. In Bezug auf die Ehre, die ihm in dieser Stadt zuteil wurde, spricht ein Autor von einem *„Desaster"* (vgl. Udo Janson, Fritz Mauthner 1849-1923, Freiburg, 2009, Fbg. Diözesan-Archiv, Bd. 129, 2009, p. 37 ff.). Das Desaster besteht nach dem Elend der Weltkriegs-niederlage im Widerspruch der *Zuerkennung der Ehrenbürgerwürde* durch die Stadt Meersburg am 23.11.1919 und dann 1 Jahr später am 20.01.1920 dem *Antrag der Mitglieder des Gemeinderats der Zentrumspartei auf „Rücknahme der Verleihung des Ehrenbürgerrechts"*. Der Widerspruch hat in Bezug auf das Leben Mauthners in Meersburg in dieser Zeit einen breiten unglücklichen Hintergrund, für den die Bürgerschaft gewiss mitverantwortlich ist. Der Antrag auf Rücknahme wurde schließlich ab-gelehnt. Aber dann nach Mauthners Tod (1923) in der Nazi-Zeit posthum in verschärfter Form sowohl in Bezug auf den Toten als auf das Ehrengrab wieder für gültig erklärt und verschärft, weil Mauthner Jude war. Aber schon In den letzten Meersburger Lebens-jahren häuften sich sowohl für Mauthner wie für seine christliche Ehefrau Schwierigkeiten ver-schiedenster Art und von Teilen der Bevölkerung

Schikanen, die ein unbefangenes Leben nicht mehr möglich machten. Ein freies, selbstbestimmtes Leben, wie er es sich als Philosoph vorstellte, wurde für ihn auch an seinem letzten Lebensort zunehmend unmöglich.

Doch der ganze Vorgang zeigt auch, wie fragil auf diesem Friedhof Ehrengräber und Ehrenbezeugungen sein können. Ein weitaus beständigeres Denkmal sind die Schriften des Philosophen, auch wenn sie von den Meersburgern wohl kaum je auch nur zur Kenntnis genommen wurden.

III. Die Gottsackergeschichte

Der heutige Meersburger Friedhof ist erst einige hundert Jahre alt. Zuvor befand sich der Friedhof der Stadt unmittelbar neben der Stadtkirche und damit innerhalb der Stadtmauer. Er war ein *„Kirchhof"* und hatte als solcher eine ganz andere Wertigkeit. Man hat also diesen alten Friedhof, d.h.

den Kirchhof, aufgegeben. Und nicht nur die dort begrabenen Toten sind längst vergessen, eingeschlossen auch die hochverehrtesten, von denen sich noch Grabsteine in einigen Mauernischen am Rande des Kirchplatzes befinden. Nicht nur alle privaten Erinnerungen, deren existenzielle Auslöschung jener Friedhof ursprünglich verwahrte, sind so ausgelöscht, sondern auch der Bestattungsplatz der Toten ist es und mit ihm zugleich die ursprüngliche „Frithof"-Konzeption: die Kirchhofkonzeption, d.h. die Vorstellung der Bestattungsort sei eine „umfriedete" immunitäre Zone mit der Kirche im Mittelpunkt, eine Zone, in der die Toten wie bei den Juden unversehrt und in nächster Nähe zum erwarteten Gericht auf den jüngsten Tag warten durften. Der neue Friedhof war ein Gottesacker, „Gott'sacker" hieß der neue Ort denn auch folgerichtig von jeher bei den Meersburgern. „Wir gehen auf den Gottsacker", sagte man noch in meiner Kindheit, nicht: auf den Friedhof. Und es handelte sich in der Tat ehedem um einen Acker außerhalb des Wohngebiets und seiner Schutzanlagen, d.h. um einen Acker auf Gottes freier Flur. Die Toten wurden hierher hinausgeschoben, ausgesetzt und gewissermaßen etwas weiter weg vom

Himmelreich und heimatlos ihrem dahinbröckeln-
den Verwesen überlassen bis ans Ende aller Tage.

Die Frage: Was nach dem Tod? stellte sich natürlich
auch hier. Die Hoffnungen auf ein jenseitiges Weiterleben nach dem Tod oder gar auf eine Wieder-
geburt wurden vielleicht hier, fern der Kirche, noch
penetranter empfunden als auf dem *„Kirchhof"*
neben der Kirche, und auf jeden Fall eher noch
weniger befriedigt. Aber der neue Meersburger
Friedhof war auch geographisch und geschichtlich
gerade kein Ort, der die Hoffnung auf das *„Leben-
nach-dem Tod"* und auf das Jenseits beförderte. Der
Friedhof wurde, wie die Historiker sagen, im Jahr
1682 angelegt. Das war nur wenige Jahre nach der
letzten Pestepidemie. Und die neue Lage war wohl
nicht ganz zufällig in unmittelbarer Nachbarschaft
zum *„Siechenareal"*, d.h.: Neben dem Spital für die
Pestkranken, dem *„Pesthus"*, wie das heute noch
bestehende Gebäude in meiner Kindheit immer
noch hieß und neben dem mit einer Mauer um-
friedeten Ausgehbereich für die Pestkranken und
vor allem auch neben dem *„Siecheweiher"*, wo die
vielen Pesttoten - fünf sechstel der Stadtbewohner,
heißt es, seien es zuletzt gewesen - wahrscheinlich

entsorgt wurden. Und die Siechenkapelle daneben, die am Rande des Areals schon bestand, konnte als Gottsackerkapelle genutzt werden. Diese Vorgeschichte und d.h. diese prekäre historische Nachbarschaft gehört wesentlich zu diesem neuen Friedhof dazu und hatte gewiss Einfluss auf die Vorstellungen, die sich mit der Neuanlage verbunden haben. Die Grausamkeit des Todes der Pestkranken ließ keinen Raum für halbwegs tröstliche oder gar euphorische Jenseitsvorstellungen, wie sie sonst für die selig geglaubten Toten ja üblich waren. So ist es bezeichnend, dass es auf diesem Friedhof weder in der Friedhofskappelle noch in der Andachtskapelle auf dem Friedhof selbst eine Darstellung des *„Jüngsten Gerichtes"* gibt, obwohl solche Darstellungen in der Entstehungszeit des Friedhofs in Mode waren. In der Erinnerung an die Pestzeit gab es *„die Hölle"* nicht erst für die Bösen im Jenseits, sondern auch für Menschen, die man liebte, schon hier im Erdenleben. Und wenn auch gewisse Pestkranke wegen ihres fürchterlichen Leidens als straffällig betrachtet wurden, so gewiss nicht alle. Man hat wohl solche Gedanken möglichst verdrängt. Es bedurfte auf dem Gottsacker keiner Erinnerung an solche diffamierende Vorstellungen und keiner phantasievollen Ausmalung von Apokalypse oder irgendwelcher illusionären himmlischen Hoffnungen.

Das „Pesthus" ist heute ein sehr gewöhnliches Wohnhaus, der Siechenweiher eine Art städtische Freizeit-Oase für Sportfischer. Kein Denkmal, kein Andenken erinnert noch an die schreckliche Vergangenheit, es sei denn einige Reste der Umfriedungsmauer des Pestgartens und zwei Überwachungstürme. Als ich Kind war, mied man noch die Ecke um das Pesthaus. Sie war kein Ort zum Spazierengehen, und ich mit meinen Freunden, wir spielten da nicht, es sei denn im Winter, wenn alles vereist war und wir auf dem Siechenweiher Schlittschuh fahren konnten. Im Gebüsch am Rand des Weihers wuchsen die Räucherstengel, mit denen wir unsere ersten Raucherfahrungen machten.

Ein Geschehen wie die gegenwärtige Corona-Pandemie legt nahe, an jene alte Katastrophe zu denken. Was hat sich geändert? Ganz prinzipiell: wenig. Hygiene, Isolierung der Kranken, Distanz halten, Maske tragen sind wie eh und je die bescheidenen

Abschirmmittel gegen die Seuche. Eine wirkliche Hilfe und Eliminierung eines Virus aus dem menschlichen Leben gibt es nicht. Die Erinnerung daran macht bewusst, dass über die Zeiten hinweg unsichtbar und intellektuell schwer fassbar Pandomieen wie überirdische Mächte alles Leben bedrohen.

23. Nachwort:

I. Autobiographisches Sich-erinnern

Michel de Montaigne war einer der ersten, der in seinen Essais versuchte, wichtige Augenblicke in seinem Leben nachvollziehbar zu beschreiben. Solche Augenblicke erzählen heißt, sie als Erinnerungen über das eigene endliche Leben hinaus zu erhalten. Und das soll auch hier das Ziel sein. Aber da gibt es ein Problem, das bereits Montaignes Kritikern nicht verborgen blieb, das der Authentizität biographischen Schreibens, eine Frage, die man sich bei Montaigne nicht zuletzt hinsichtlich der Beschreibung seiner Todeserfahrung stellen muss, die er, wie er behauptet, bereits als Lebender hatte.

Wenn man autobiographisch schreibt, so war man im Vorhinein bereits sein eigener Sich-Selbstleser. Man schreibt nicht unmittelbar einfach auf, was man war oder ist, sondern nur das, als was man sich liest. Jeder Schriftzug zeichnet ein unbewusst bereits Gelesenes auf, obwohl er vorgibt, das Zulesende allererst zu vermitteln. Er ist kein urauthentischer Akt, sondern eine Wiedergabe, eine Repräsentation, eine Darstellung, die zumindest eine gewisse Modulation des Erlebten zusätzlich in sich aufnimmt. So gibt es im Grunde überhaupt keine Autobiographie, oder genauer: keine Auto-graphie, sondern immer nur die nachträgliche Aufzeichnung einer Selbstlektüre, bei der sich die Wahrheitsfrage stellt und mehr bedeutet als Authentizität, wenngleich diese mit vorausgesetzt wird. Um Authentizität geht es beim autographischen Schreiben bei jenem Urvorgang des Sich-selber (im Vorhinein) Lesens, um Wahrheit erst bei jener Doppelung im letztlich aufgeschriebenen und dann buchstäblich lesbaren Text. Diese Grunderkenntnis und diese Position stehen im Hintergrund der hier versuchten Niederschrift zu gewissen Meersburger Erinnerungen.

Doch es geht darin eigentlich gar nicht um das Selbst oder besser: nur an 2. Stelle und deshalb nur begrenzt um Autobiographie, sondern eigentlich nur um Erinnerungen an bestimmte Dinge und um deren Gehalt in Verbindung mit dem Ort Meersburg. Erinnerung ist in der griechischen Mythologie eine Muse: „*Mnemosyne*". Und sie ist nicht nur eine Muse neben den anderen, sondern die Mutter der acht anderen Musen. Ihre Mutterschaft ist für sie alle konstitutiv. D.h. die Erinnerung ist allgemein und in diesem Fall speziell nichts Beiläufiges, sondern etwas Grundlegendes für alle musischen Aktivitäten. Sie erhellt und erklärt sie. Wenn sie sich mit

Orten verbindet, so gewinnt sie mit ihnen gewissermaßen Halt und wird zu einem wissentlich verortbaren Bestand, der eine Hinterfragung erlaubt und
Kritik.

Statt wohlgefällig sich mit dem Erlebten abzufinden,
stellt die Kritik das Erlebte erneut zur Diskussion und
sie zeigt seine Relevanz, seine Fluchtlinie bis hin zur
Gegenwart und zur aktuellen Existenz. Ich sehe so,
wenn ich mich erinnere, wohin das Erlebte, an das
ich mich erinnere, führte oder führt. Es wird dabei
möglicherweise auch die Gefahr erkennbar, zu der
das Erlebte führte. Diese ist in mehreren erinnerten
Fällen der Faschismus. Er und seine Folgen sind der
Zeithorizont der hier erinnerten Kindheit und Jugend. Doch die Hinterfragung geht über diesen Horizont hinaus namentlich in den Friedhoftexten, in
denen es um die Zeitlichkeit des Zeitlichen geht. Sie
schließen sich dem tieferen Gehalt nach an die
Säntis-Gedichte der Droste an. So eindrucksvoll sie
dort die Alpenberge in ihren tages- und jahres-
zeitlich wechselnden Erscheinungsformen erlebt, so
dass sie die Erinnerung füllen: Als „*Winter, Sommer,
Abend, Morgen*", so sind für sie dennoch auch die
Berge selbst nichts Ewiges. Der Gedanke der Dichterin geht in diesem Text über das Erlebbare hinaus,
über das sichtbare Werden und Vergehen hin zum
Tod und der mit ihm erfolgenden Verwandlung,

einer Verwandlung des Endlichen in die Unend-
lichkeit des Endlichen.

Zuschütten, was war, wie in einem Grab, das nach
kürzester Zeit eingeebnet und von Bäumen über-
wachsen wird: Das darf gerade in Bezug auf die ver-
hängnisvolle Geschichte der in meiner Kindheit herrschenden Zeit nicht geschehen, auch wenn es sich in
jedem Fall nur um ein Erleben am Rande der geschichtlich bestimmenden Ereignisse handelte.

II. Die Geschichtsauffassung

Wenn hier im Zusammenhang mit den in Betracht
gezogenen Erinnerungen von Geschichte die Rede
ist, so nicht im globalen Sinn, nicht im Sinn von
Geschichte als komplexer Verlauf des Weltge-
schehens, sondern epochal und gesellschaftlich
begrenzt auf den Nationalsozialismus und die Folgen. Die in Betracht gezogenen Erlebnisse sind dabei
geschichtlich Randerlebnisse und zwar geographisch, insofern als der Handlungsort Meersburg
eine Grenzstadt ist, weitab von der Hauptstadt
Berlin, wo die Politik des Landes gemacht wurde,
doch auch gesellschaftlich, insofern das Milieu, in
dem die Erlebnisse gemacht werden, gerade nicht

das herrschende Nazimilieu ist, sondern der minderheitliche bäuerliche Bevölkerungsteil. Es ist also in diesem Sinn nur von Randerscheinungen die Rede, die allerdings in Hinsicht auf das Scheitern der maßgeblichen geschichtlichen Mächte und Kräfte im Weltkrieg und den Nachkriegsfolgen nicht zuletzt von einer Zeitzeugenschaft her größte Aufmerksamkeit verdienen.

„Es ist unglaublich, in was für einer Unwissenheit der Zukunft die ganze jetzige gelehrte Welt versunken lebt; sie kennt alle Zeiten und bearbeitet alle Teile der Geschichte, aber um den einzigen Teil, um die Geschichte der Zukunft kümmert sie sich nicht."

(Jean Paul, „Eine Abhandlung aus dem Jahre 3059") (J. Paul, Sämtl. Werke, Abt. II, Bd. 1, 737, Darmstadt, 2000)

Bibliographie

Montaigne, Les essais, Paris, 1958;

Giovanni Boccaccio, Das Dekameron, München, 1965;

Jean Paul, Abhandlung aus dem Jahre 3059, (Jean Paul, Sämtl. Werke, Abt. II, bd. 1, Darmstadt, 2000);

J. W. Goethe, Werke, Hamburger Ausgabe, 1958;

Friedrich Hölderlin, Sämtl. Werke u. Briefe, Bd. 1, Darmstadt, 1998;

Annette v. Droste-Hülshoff, Sämtl. Werke, Darmstadt, 1966;

Louis Marin, Die exkommunizierte Stimme (Übersetzg. a. d. Franz. B. Nessler) Berlin, 2002;

Thomas Bernhard, Auslöschung, Frankfurt, 1989;

Wolfgang Reinhard, Von Mächten und Menschen, Freiburg, 2019;

Fritz Mauthner, Beiträge zu einer Kritik der Sprache, Frankfurt, 1982;

Bernhard Nessler, Kindheitserinnerungen aus Meersburg, Hamburg, 2020;

Meersburg unterm Hakenkreuz, Friedrichshafen, 2011;

A. Schott, Das vollständige römische Meßbuch, Freiburg, 1949;

Zwischen *„Carpe Diem"* und *„Memento Mori"*, Konstanz, 2004;

Günter Eich, Ein Lesebuch, Frankfurt, 1972;

Eugen Fink und Jan Patocka, Briefe und Dokumente, 1933-1977 (Hsg. Michael Heitz, Bernhard Nessler) Freiburg, Prag 1999;

Udo Janson, Fritz Mauthner (1849 - 1923), Freiburger Diözesan-Archiv, Bd. 129 (2009)

Zeitfracht Medien GmbH
Ferdinand-Jühlke-Straße 7
99095 Erfurt, Deutschland
produktsicherheit@kolibri360.de